Erzählende Predigten

In Zusammenarbeit mit
Hans Werner Dannowski und Heinz-Dieter Knigge
herausgegeben von Horst Nitschke

Gütersloher Verlagshaus
Gerd Mohn

CIP-Kurztitelaufnahme der Deutschen Bibliothek

Erzählende Predigten / in Zusammenarbeit mit
Hans Werner Dannowski u. Heinz-Dieter Knigge
hrsg. von Horst Nitschke. – 1. Aufl. –
Gütersloh: Gütersloher Verlagshaus Mohn, 1976.
ISBN 3-579-03620-3

NE: Nitschke, Horst [Hrsg.]

ISBN 3-579-03620-3

Gesamtherstellung: Clausen & Bosse, Leck
Umschlagentwurf: Franz Wöllzenmüller, Unterhaching
Printed in Germany

Vorwort

Daß es mit dem Erzählen eine höchst theologische Bewandtnis haben könne, darauf kam ich vor einigen Jahren, noch ehe die »narrative Theologie« bzw. der Ruf nach ihr unter uns umzugehen begann, durch eine ganz profane Lektüre: Ich las in einem Urlaub die Erinnerungen des Theaterdirektors Ernst Josef Aufricht. Sein Buch hat einen theologischen, sogar einen biblischen Titel: »Erzähle, damit du dein Recht erweist.« Das steht Jesaja 43,26. Der Kontext dieser Stelle zeigt freilich, daß es sich um eine unmögliche Möglichkeit handelt, wenn der Mensch im Rechtsstreit mit Gott versuchte, sich zu rechtfertigen. »Berichte« oder »zähle auf«, so kann man auch übersetzen, »damit du recht bekommst«, sagt Gott zum Menschen. Man weiß schon, was dabei herauskommen wird! Aber, das steckt doch auch in dem Satz: Wenn es um nichts Geringeres als um menschliches Leben, um Existenz geht, dann gibt es offenbar keinen besseren Weg, um zu einer »gerechten«, »sachgerechten« Beurteilung zu gelangen, als den des Erzählens. Da sind nicht Thesen oder Hypothesen aufzustellen, da ist Argumentieren oder Lamentieren, Behaupten oder Vermuten, da ist eben alles Theoretisieren fehl am Platze, da muß schlicht und einfach erzählt werden, berichtet, wie es war, was man erfahren, erlebt hat. Und wenn ernsthaft menschliche Existenz »zur Debatte steht«, dann erhält, will man ihr wirklich gerecht werden, Erzählen nun einmal zwangsläufig eine theologische Dimension, dann muß es sub specie aeternitatis geschehen, dann ist Gott im Spiel, und die erzählten Situationen und Erfahrungen werden unversehens – auch unausgesprochen – zu »Beispielen für Gott«. Ich vermute, das hat der Theaterdirektor gemeint oder geahnt, als er seinen Aufzeichnungen diesen biblischen Titel gab. Jedenfalls hat Aufricht in dem Buch, das er geschrieben hat, erzählt – nicht gepredigt! ...

Mir fiel Aufrichts Buch wieder ein, als ich mich mit dem Thema zu beschäftigen begann, dem der hier vorgelegte Band gewidmet ist. Erzählen – das müßte doch in der Tat das richtige sein, wenn die Kanzel kein Katheder und keine Rednertribüne ist, wenn der Mann auf der Kanzel kein Referent, Dozent oder Agitator ist, wenn es sich bei der Predigt nicht um einen religiösen Vortrag, nicht um eine philologische Textinterpretation, nicht um die juristische Kommentierung eines Paragraphen, nicht um die Erläuterung von mehr oder weniger schwer zu verstehenden Gedanken großer Denker, nicht um die Auslegung von Lehrsätzen, nicht um die Erörterung von mehr oder weniger aktuellen Problemen handelt, sondern wenn das Thema einer Predigt nichts Geringeres und nichts Einfacheres ist als: menschliches Leben sub specie Dei!

Was heißt Predigen? Dieser Band entfaltet nicht eine neue Predigttheorie. Er will auch nicht beflissen jene erwähnte narrative Theologie promovieren, die so modern ist, daß man sie nicht zu Unrecht sogar als Symptom der reaktionären Tendenzen empfunden hat, die sich in unserem gegenwärtigen geistigen und politischen Klima bemerkbar machen (Kluges hat zu dieser Diskussion Eckhard Rau in WuPKG Sept. 1975, S. 342 ff., gesagt). Die Beispiele, die wir hier bieten, entsprechen freilich vielfach auch ebensowenig dem traditionellen Predigtstil, sowenig sie sich andrerseits von dem zeitgenössischen Fetisch »Information« regieren lassen, den man auch Theologen und Homiletiker anbeten sieht (als könne man nicht leicht eine Geschichte der desinformierenden Predigtinformation von Marcion bis zu preußischen Hofpredigern schreiben).

Was heißt Predigen? Unser Band enthält nur das Angebot, es einmal mit dieser erzählenden Form zu versuchen. Mit einer dieser Formen! Der Leser wird sehr bald merken, daß sich das Erzählen in der Predigt wiederum verschieden handhaben läßt. Und mancher wird bei manchen Beiträgen, im Blick auf ihre Form oder auf ihren (vielleicht als zu schmal empfundenen) theologischen Gehalt oder biblischen Bezug, erst einmal denken: Ganz schön, aber so kann ich, so kann man auf einer Kanzel nicht reden. Und da frage ich: Warum eigentlich nicht? Da bitte ich: Prüfe das Angebot doch noch einmal! Was heißt Predigen?

Da gibt es in diesem Buch Predigten, die haben überhaupt keinen biblischen Text. Müssen sie? Predigten, die erzählen zur biblischen Geschichte gleich noch einige andre hinzu. Dürfen sie nicht? Predigten, die sind kürzer als zehn Minuten. Wer hat das verboten? Predigten, die sind mehr Literatur als Rede. Schadet das was? Muß auf der Kanzel immer »frei« geredet werden? Wer kann es – und wie viele geben es nur vor zu können – nachdem jene ominöse Einstudierung vorausgegangen war, die wir früher »Memorieren«

nannten, oder indem die rhetorischen Pausen zwischen den Satzfragmenten der optischen Aufnahme der nächsten Konzeptpassage dienen? Hätte man uns nicht in den homiletischen Übungen auch etwas von der Kunst lehren sollen, ein Manuskript lebendig vorzulesen, es eben vorzutragen? Ist das Risiko der vielgerühmten »Neuschöpfung« auf der Kanzel wirklich in jedem Fall der Reproduktion jener Schöpfung vorzuziehen, die am häuslichen Schreibtisch geboren und geformt wurde? Vermittelt die Wiederholung eines vorgegebenen Textes, wie sie sich (Abend für Abend!) auf einer Bühne vollzieht, dem Publikum keine Botschaft, keine Kommunikation? Und wenn ich mich schließlich nicht scheue, einige der hier vorgeführten Modelle der Gattung des Feuilletons zuzurechnen – Feuilleton auf der Kanzel, wär's eine Schande? Was heißt Predigen?

Wir wissen, daß wir hier nur Versuche empfehlen, Versuche, über deren Unvollkommenheit, ja am Ende Unmöglichkeit erzählende Theologen ebenso sich im klaren sind wie erzählende Literaten. Wir schreiben uns das auch für unser Predigen hinter die Ohren, was der polnische Schriftsteller Stanislaw Lem von der Literatur sagte: sie sei »der Versuch, die unmögliche Aufgabe zu lösen, Lebenserfahrungen von einem Menschen zum andern zu vermitteln«. Und sofern es uns darum geht, in Lebenserfahrungen Gotteserfahrungen, gar »Beispiele für Gott« transparent werden zu lassen, werden wir über unsre Versuche noch viel bescheidener denken. –

Im übrigen habe ich, gerade bei diesem Band, natürlich gar nichts dagegen, wenn man seine Texte auch als Lesepredigten oder für die Andacht in Familie oder Gruppe verwendet. Dem Prediger hoffe ich mit dieser Sammlung wieder ein brauchbares Hilfsmittel zu geben, das zu benutzen, en detail oder en bloc, er sich schon deswegen nicht zu schämen braucht, weil keine der erwähnten Schöpfungen oder Neuschöpfungen bei Null anfängt. Was die Beispiele hier selbst beweisen dürften.

Um die Orientierung zu erleichtern, habe ich, ähnlich wie bei den Kasualbänden, den Predigten des zweiten Teils im Inhaltsverzeichnis Untertitel beigegeben. Auch besondere Anlässe oder Festtage sind markiert. *H. N.*

Heinz-Dieter Knigge
Erzählend predigen?

I.

Prediger als Geschichtenerzähler – so neu ist das nicht. Ich denke z. B. an Deuteromium 26, das »kleine geschichtliche Credo«: »Ein dem Untergang naher Aramäer war mein Vater ...« Dieses Bekenntnis hat zum Erzählen gereizt. Wir verdanken ihm viele der schönen Geschichten aus den Mosesbüchern, mit denen die Israeliten sich der gnädigen Führung und der Treue ihres Gottes vergewisserten: kleine Predigten jeweils in erzählender Form.
Ich denke auch daran, daß neben den Worten, die uns von Jesus erhalten sind, die Gleichnisse stehen. Eine Banalität, etwas, was immer wieder geschieht, schlichtester Alltag: Eine Frau nimmt den Sauerteig, vermengt ihn mit drei Scheffeln Mehl. Das Ergebnis: Brot – und ein Gleichnis für das Himmelreich. (Matth. 13,33) – Eine Streitfrage: »Wer ist mein Nächster?« Eine Parabel, ein erdachter oder wirklicher, einmaliger Fall als vordergründig hintergründige Antwort: »Es war ein Mensch, der ging von Jerusalem hinab nach Jericho und fiel unter die Räuber ...« (Luk. 10,25–37). Selbstverständlich nutzt Jesus die ursprüngliche Redeform der Erzählung für seine Predigt. Selbstverständlich benutzt er die Episoden des Alltags und macht sie zum Spiegel für Gott, Welt und Menschen. Jesus holt die Zuhörer erzählend ab in ihrem Erfahrungsbereich. Jeder merkt: Ich bin gemeint. Ohne penetranten Aufruf zur Entscheidung, der verstimmt oder verhallen würde, kann er Jesus zustimmen oder sich ihm verweigern. Wer die Geschichten gehört hat, die Jesus erzählt, ist in jedem Fall verändert, weil er Gott begegnete in der Alltäglichkeit unserer Welt. Wie könnte das heute aussehen: Erzählte Erfahrung nicht als Quelle, wohl aber als Medium des Evangeliums – erzählende Predigt?
Ich denke schließlich auch daran, wie sich in den Anfangszeiten des christlichen Glaubens jene aus dem alten Israel bekannte Entwicklung wiederholte: wie neben das knappe urchristliche Credo: »Jesus ist Herr« – »Gott hat ihn auferweckt aus den Toten« (Röm. 10,9) die Geschichten traten, die man sich in Hausgemeinden, in Karawansereien und am Lagerfeuer von Jesus und seinen Jüngern

erzählte – Kerygma, Predigt in erzählender Form! Daneben die andere, uns vertrautere Weise der Verkündigung: die Reden der Apostelgeschichte z. B. oder viel früher die Interpretation der vorgegebenen Credoformeln, aus denen Paulus seine Theologie entwickelt und den Gemeinden mitteilt.
Beides steht nebeneinander in der Bibel: Erzählung und Argumentation. Beides dient der Darstellung und Entfaltung des Glaubens. Wer wollte das eine ausspielen gegen das andere? Gibt es nicht vielmehr auch ein erzählendes Argumentieren? Wir haben darüber in den vergangenen fünfzig Jahren durch form- und redaktionsgeschichtliche Studien viel gelernt. Auch Erzähler können Theologen sein – nicht nur Johannes (wie bekanntlich noch Bultmann meinte), sondern auch Markus, Matthäus und Lukas – die Sammler und Redaktoren mündlicher Traditionen. Es ist an der Zeit, nach der theologischen Relevanz dieser Erkenntnisse zu fragen – nicht nur im neutestamentlichen, sondern auch im homiletischen Feld.

II.

Es ist nicht gut, meine ich, daß wir von der urchristlichen Erzähl- *und* Argumentiergemeinschaft (so möchte ich gegen Johann Baptist Metz: Kleine Apologie des Erzählens, Concilium 5, 1973, S. 336 doch gern akzentuieren, der sagt, »daß das Christentum nicht primär eine Argumentations- und Interpretationsgemeinschaft, sondern eben eine Erzählgemeinschaft ist«) – nur das Argumentieren übrig behalten haben. »Die Religion«, schreibt Harvey Cox, »sollte Saatfeld und Brutstätte von Geschichten sein. Aber die Religion erfüllt ihre geschichtenerzählende Rolle heute nicht mehr. Gleich der Gesellschaft, in der sie lebt, ist sie zu kopflastig geworden mit Signalen und Systemen. Inzwischen verblassen die Geschichten, ohne deren Existenz nichts da wäre, was man systematisieren kann« (Verführung des Geistes, S. 11).
Nun haben wir die Klage über die Intellektualisierung unseres Lebens oft gehört. Das Leiden an dem Wirklichkeitsverlust der Predigt ist vielen Predigern und Predigthörern bekannt. Übrigens ist das Problem so modern nicht, wie wir oft meinen. Auf seine Weise spricht schon Martin Luther davon, wenn er (WA Tr. 2408b; vgl. WA 8,455.) aus seiner Predigterfahrung berichtet: »Wenn man vom Artikel der Rechtfertigung predigt, so schläft das Volk und hustet;

wenn man aber anfängt Historien und Exempel zu sagen, da reckts beide Ohren auf, ist still und hört fleißig zu ...« Diese Erfahrung ist auch uns nur allzu bekannt. Ich frage mich, ob da wohl Zusammenhänge bestehen zwischen der Misere gegenwärtiger und vergangener Predigt, zwischen der verbreiteten Sprachlosigkeit unseres Glaubens und dem Verlust der Geschichten, der Erzählung als Predigt- und Verkündigungsform. Ich frage mich auch, ob sich im Medium des Erzählens nicht wiederbegegnen könnte, was so leidvoll auseinanderklafft in unserer christlichen Praxis: Sonntag und Alltag, Glauben und Erfahrung, Denken und Fühlen, Einsicht und Emotion. Ob wir neu lernen müßten, Kirche und Gemeinde nicht einseitig *nur* als Argumentier- und Denkgemeinschaft anzusehen, sondern auch als Erfahrungs- und Erzählgemeinschaft – mit möglichen Konsequenzen für unsere Art zu verkündigen, den Brückenschlag hinüber zum Hörer an seinem anderen Ort auch einmal auf andere Art zu versuchen: im Medium erzählender Predigt?

Allerdings – da tauchen Schwierigkeiten auf und Probleme – scheinbare, wirkliche. Wir haben die »narrative Unschuld« verloren, sagt Heinrich Weinrich (Concilium 5, 1973, S. 333). Unsere Gesellschaft hat »postnarrative Kommunikationsformen« (ders. a. a. o.) angenommen. Es ist wahr, was Cox, Weinrich und andere übereinstimmend diagnostizieren – möchten wir sagen. Vielleicht denken wir daran, daß die Großmutter, die ihre Enkel um sich versammelt, um ihnen Märchen zu erzählen, selten geworden ist, daß es sie vielleicht sogar gar nicht mehr gibt. Wir erinnern uns unserer Schwierigkeiten, den Kindern, eigenen und fremden, biblische Geschichten nachzuerzählen – beides gewiß u. a. *auch* Indizien dafür, daß unter uns das Erzählen als Kommunikationsform einen Dornröschenschlaf schläft.

Doch wer küßt die Prinzessin? Sollen Prediger nun, nach vielem anderen schon, auch noch zu Dichtern werden? Ich meine das nicht – obwohl sich sicher viel lernen ließe bei denen, die die ursprüngliche Tradition des Erzählens auch heute noch unter uns üben, wenn auch oftmals in vielfach gebrochener Form. Ich denke an andere Erfahrungen. Da höre ich die ungestüme Bitte unserer Kinder: »Vater, erzähl' uns eine Geschichte.« Nicht immer helfen da Ausflüchte: »Ich weiß keine. Ich habe das Erzählen verlernt.« Irgendwann muß einer da wieder anfangen zu erzählen, schlecht und recht. Er wird reichlich belohnt. Er erlebt, daß das Erzählen auch unter uns noch einen »Sitz im Leben« hat. Er erfährt, wie das Erzählen Menschen verbindet, daß es Gemeinschaft stiftet, Zeit und Leben gestaltet.

Entsprechende Beobachtungen habe ich bei Konfirmanden gemacht. Denken, Argumentieren – das mögen sie meistens nicht. Da werden sie unruhig, unterhalten sich auf ihre Weise. Doch dann fange ich an zu erzählen. Die Unruhe verschwindet. Gespräche entstehen. Die Konfirmanden sind ermutigt, selbst zu erzählen, was sie erlebt haben, was sie beschäftigt – und manchmal auch, was sie bedrückt. Ich erlebe die provokative Kraft des Erzählens, die Erfahrung herauslockt, indem sie Erfahrung mitteilt.

Ich denke auch an manche Gemeindebesuche. Wir tauschen Worte aus und Gedanken. Fragen entstehen. Plötzlich beginnt mein Gesprächspartner zu erzählen, was er heute oder damals erlebte. Eine Geschichte als Antwort auf eine Frage! Ich erinnere mich an die Einführungsfrage, die vielen biblischen Geschichten vorausgeht, auch der Parabel vom barmherzigen Samariter z. B. (Luk 10,29 f.). Offenbar scheinen Erzählgesetze von damals auch noch heute zu gelten.

Oder ich höre mich um im Treppenhaus, auf der Straße, im Bus, beim Kaufmann um die Ecke, im Supermarkt. Überall begegne ich erzählenden Menschen. Da hat jemand ein Erlebnis gehabt, das ihn bewegt – er erzählt es dem Freund, dem Nachbarn, beim Essen zu Hause: »Stell dir vor, was mir heute passiert ist ...« »Wissen Sie schon ...« »Hast du es schon gehört?« So beginnen meistens die unendlich vielen kleinen Geschichten, von denen auch unser Alltag voll ist. Oft spiegeln die banalen Episoden, die dann erzählt werden, ein Stück Wirklichkeitserfahrung. Sie zeigen die offenen oder verborgenen Hoffnungen und Ängste, die einen Menschen umtreiben. Sie offenbaren Vorurteile, Liebe oder Lieblosigkeit. Denn wer erzählt, bringt sich selber ins Spiel, bewußt oder unbewußt. Er macht Erfahrungen kommunikabel. Wer erzählt, weist auf offene oder verstellte Stellen des Lebens, deckt Wahrheit auf oder zu.

Keine Frage: die Geschichten, von denen ich spreche, spielen meistens am Rande, in der Trivialität unseres Lebens. Oft sind es Banalitäten, die Menschen sich erzählend mitteilen, Klatsch und loses Gerede. Literaturfähig sind sie sicher nur selten. Trotzdem möchte ich sie nicht einfach ignorieren. Denn auch in ihrer entstellten Form noch zeigen sie ein elementares Bedürfnis des Menschen zu erzählen und Erzähltem zuzuhören. Die »postnarrativen Kommunikationsformen«, Information, Diskussion und Argumentation, Plakat und Parole, Chiffre, Werbetext und Symbol, haben dieses Bedürfnis offensichtlich gerade bei einfachen Menschen noch nicht vollends verdrängt. Ich vermute sogar, solange es Menschen gibt, werden die Geschichten nicht aussterben, die einer dem anderen erzählt.

III.

»Kleinliteratur« nannte Martin Dibelius die Geschichten, die wir in den Evangelien lesen. Ludwig Auerbach wies in seiner »Mimesis« darauf hin, daß in dieser Literatur der kleinen Leute Fischer und Zöllner die Rollen spielen, die bis zum Aufkommen der bürgerlichen Dramen und Romane Vertretern des Adels vorbehalten waren. Auf die »kleinen Leute« von damals zu hören bei unserer Predigt, haben wir gelernt. Ihre Geschichten sind zum Text geworden, über den wir predigen. An der Art der »kleinen Leute« von heute, sich zu verständigen, sich mitzuteilen und zu äußern, gehen wir beim Predigen meistens achtlos vorüber. Wenn aber das Erzählen von den Anfängen des jüdischen und des christlichen Glaubens an eine sprachliche Form war, in der sich Verkündigung äußerte (I), wenn auch heute unter uns noch Menschen sich erzählend verständigen (II), dann sollten wir uns der Frage stellen, ob und in welcher Weise das Erzählen eine Chance bietet, den Zuhörern das Evangelium zu predigen, so daß sie, wenn möglich, »beide Ohren recken.«
Geschichten enthalten eine Botschaft, die Menschen oft unmittelbarer erreicht als formulierte Meinungen und ausgesagte Gedanken. Geschichten sprechen Emotionen an und – wenn sie Tiefe haben – auch den Verstand. Geschichten, gute Geschichten, laden zur Identifikation ein und geben doch die Freiheit zur Distanzierung, zum kritischen Bedenken, zur Nachfrage. Geschichten können zum Träger einer Botschaft werden. Darin liegt wahrscheinlich eine Chance dieser Redeform für die gegenwärtige Predigt: Ich verlange kein Höchstmaß an Konzentration, kein Mindestmaß an Bildung und Denkfähigkeit. Aber ich hole auch nicht die Gasse auf die Kanzel. Der Gebildete kann mir zuhören *und* der weniger Gebildete – kann sagen: So ist es; so geht es zu! Denn da begegnen sich im Medium

der Erzählung Alltag und Glaube: Er zeigt Spuren des verborgen Hintergründigen im scheinbar Banalen. Er sprengt für Gott verschlossene Horizonte auf. Er ermutigt zum neuen Blick auf den Alltag, zu Vertrauen und Liebe, zu einer anderen, besseren Erfahrung.

Ich fände es allerdings schlimm, wenn unter den Predigern ein Gesetz entstünde: Übrigens, heute erzählt man wieder! Diesem neuen Leistungsdruck fühlte ich mich nicht gewachsen. Denn es ist wahrscheinlich ein weiter Weg, der von der erlernten Fähigkeit zur Abstraktion zurückführt zum Erzählen. Die »narrative Unschuld«, die wir verloren haben, werden wir nicht im Handstreich wieder zurückgewinnen. Doch das könnte eine Möglichkeit sein, die ich wenigstens erproben möchte: erfahrene Naivität zu spiegeln, reflektierend zu erzählen, wenn ich predige. Aber oft fällt mir einfach nichts ein, was ich erzählen kann. Dann freue ich mich, daß es auch noch die anderen alten und neuen Formen der Predigt gibt, die Homilie, die Themenpredigt, die Lehrpredigt, die Meditation oder die Diapredigt. Die erzählende Predigt soll ja das Argumentieren nicht von der Kanzel verdrängen, sondern ergänzen und begleiten.

Ich *muß* nicht erzählend predigen, aber manchmal kann ich es.

IV.

Erzählend predigen – horribile dictu – wie macht man das? Ich habe den Text exegesiert, meine zu wissen, was der Autor damals sagen wollte. Ich habe ein »Thema« gefunden, einen Leitgedanken. Ich versuche mir vorzustellen, wie dieses »Thema«, sein Zuspruch und Anspruch, sich auswirken könnte im Leben, im Tagesablauf eines Menschen, den ich seit langem kenne, dem ich begegnet bin bei einem Besuch, von dem ich in der Zeitung gelesen oder im Fernsehen gehört habe. Ich versuche mir vorzustellen, wie die Botschaft meines Textes sich ausnimmt in seinem Leben – das erzähle ich. Und dabei fallen mir meistens andere Geschichten ein, Sätze, Aussprüche, die ich immer schon einmal verwenden wollte für eine Predigt. Ich füge sie als »Versatzstücke« ein, gebe ihnen einen Platz im Leben dessen, von dem ich berichte. Manchmal (selten!) gelingt es mir so, eine Predigt ziemlich rein in der Gattung der Erzählung zu gestalten.

Einfacher fällt es mir, für Kinder zumal, eine biblische Geschichte nachzuerzählen. Da folgt auf die Exegese meistens die Suche nach kindgemäßen Illustrationen – der holländische Maler Kees de Kort und die Reihe »Was uns die Bibel erzählt« (Württembergische Bibelanstalt Stuttgart) enttäuschen mich eigentlich nie. Ich sehe die Bilder mit meinen Kindern an, höre auf ihre Fragen, merke mir, was sie entdecken und was ihnen wichtig ist an Bild und Geschichte. Ich kann mit dem Nacherzählen beginnen und versuchen, die Geschichte in die Erfahrungswelt von Kindern hinein zu erzählen.

Manchmal ist mir ein Ereignis der vergangenen Woche zu einem Bild geworden für das Evangelium. Ich erzähle, was ich erlebt habe: Der Bus ist bereits abgefahren an der Haltestelle. Leute kommen zu spät. Es regnet in Strömen. Sie winken, wollen noch mit. Das Unerwartete geschieht. Der Fahrer hält noch einmal an. Die, die zu spät waren, werden wie Pünktliche behandelt. Sie brauchen keine halbe Stunde im Regen zu warten, bis der nächste Bus kommt. – Das füllt keine Predigt, aber es könnte mehr sein als nur ein »Aufhänger«. Andere Episoden des Alltags kommen hinzu. Ich kann kommentieren, auslegen, zusprechen. Ich brauche nicht zu verleugnen, daß ich Prediger bin.

Oder: Ich meine nichts erlebt zu haben in der Woche – nur meinen Schreibtisch. Aber zwischen Abrechnungen, Briefen, Diktaten, zwischen Tagesordnungen und Amtsblättern habe ich gelesen – Brecht, Kierkegaard, Dostojewski, das »Vorlesebuch Religion« oder ein Gedicht, das mir nachgeht: die Bärenraupe von Rudolf Otto Wiemer z. B. Und nun erzähle ich die Geschichte, erzähle das Gedicht und hoffe, daß eine Predigt entsteht, in die biblische Botschaft eingeht und ausstrahlt auf meine Hörer – entlarvend und tröstend zugleich.

Erzählend predigen! Ich meine, es könnte heißen: Ich habe den Text exegisiert nach allen Regeln der Kunst. Aber nun lasse ich mich auf den alltäglichen »Fall« ein, der Zufall sein kann, in des Wortes doppelbödigem Sinn. Nun vertraue ich darauf, daß die Gotteserfahrung des Textes in die Geschichten und Geschichtchen meines Alltags eingehen will, daß ich dort wiederentdecken und heute zeigen kann, was einst auf einmalige und manchmal unwiederholbare Weise zur Sprache kam. Ich möchte es in der Wirklichkeit, in der meine Hörer und ich gemeinsam leben, neu zur Sprache bringen. Und dabei brauche ich den Bildverlust nicht länger als scheinbar unvermeidbaren

Preis zu bezahlen, der mit Entmythologisierung und existentialer Interpretation fast immer zwangsläufig einherging: Die erzählte Geschichte könnte neben den Logos treten, dieser eingehen in sie und die jenseitige Transzendenz des Mythos wiederkehren in der diesseitigen Transzendenz der Erzählung. Die existentiale Interpretation, mit deren Hilfe wir bislang notdürftige, aber unentbehrliche Brücken des Denkens zu schlagen versuchten vom Mythos von damals zum heutigen Menschen, könnte erzählende Gestalt annehmen in unserer Predigt.

Ich erzähle Alltägliches biblisch und Biblisches alltäglich. Ob ich nun diesen oder jenen Spiegel benutze – ich sehe die Chance, verlorene Wirklichkeit zurückzugewinnen, den Alltag heimzuholen in die sonntägliche Predigt; Ursprungssituationen des Glaubens zu entdecken und erzählend zu zeigen – dort, wo heute Menschen reden, handeln, lieben und leiden. Erzählen in der Predigt kann jenes Klima der Wärme schaffen, in dem einer es wagt, sich wiederzuerkennen im fremden Spiegel: die eigenen Ängste und Hoffnungen und den Zuspruch, der von außen verändernd hinzutritt. Erzählen könnte die Predigt vielleicht menschlicher machen und die Spuren Gottes vielleicht erfahrbarer werden lassen im Alltag unserer Welt. Vielleicht ...

Denn da lauern auch Gefahren am Weg des Erzählens – wie könnte es anders sein: Das Transzendieren des Alltäglichen mißlingt. Das Banale bleibt, was es ist. – Die Erzählung verselbständigt sich, absorbiert die Botschaft, deren Medium sie sein sollte. – Die historische Kritik wird übersprungen; erzählt wird, als wenn alles so gewesen wäre – ein neuer, oft ungewollter Fundamentalismus entsteht. – Die Episode paßt nicht zum Text oder nicht zum Kontext der Predigt. Sie mißrät zum Predigtbeispiel alten Stils, soll ein bißchen Farbe geben in einer im übrigen tristen Landschaft und bleibt doch blaß ...

Es ergeben sich manchmal auch neue Schwierigkeiten für die Gemeinde: Das Zuhören wird durchs Erzählen nicht jedem und immer erleichtert. Es stellt andere Anforderungen an den Hörer, der meistens die direkte, deutliche Rede gewohnt ist. Geschichten sprechen aber oftmals indirekter, leiser, verschlüsselter zu ihm. Sie warten auf die Fähigkeit, sich selbst einzuzeichnen ins fremde Erlebnis, das mittelbar Gesagte unmittelbar zu begreifen und das andere zu

beziehen auf das Eigene. Das fällt manch einem schwer, will erst wieder gelernt werden wie das Erzählen auch.
Wo liegen die Möglichkeiten, wo die Grenzen erzählender Predigt? Was kann sie erreichen zur Zeit? Wir beginnen ja gerade erst, Neuland zu entdecken bzw. alten Boden neu zu bestellen! Wir waren neugierig, wollten es gerne wissen. So ist dieses Buch entstanden, das am praktischen Beispiel eine neue Richtung gegenwärtiger Predigt zeigt. Wir möchten einladen zur Information, zu kritischer Prüfung, zur Verbesserung, zum eigenen Versuch – auch zur gelegentlichen Nachahmung und Imitation. Könnte es sich lohnen, predigend zu erzählen oder erzählend zu predigen? Könnte das Erzählen ein vehiculum sein für die viva vox evangelii, die wir nicht zwingen, um die wir uns aber mühen können – auch in der Vielfalt möglicher Formen der Predigt?
Geschichten sind das Kleid der Wirklichkeit. Dichter wissen das. Prediger beginnen, es wieder neu zu lernen.

Erfahrungen der Bibel im Spiegel
des Alltags

Darf man denn keinen Turm bauen?
Friedrich Gölz

(Eine Kinderpredigt) *(1. Mose 11,1–9)*

Vorbemerkung:
In der Haigstkirche in Degerloch beginnen Predigtgottesdienst und Kindergottesdienst an jedem Sonntag gemeinsam. Die Liturgie nimmt in der Regel etwas Rücksicht auf die anwesenden Kinder, die dann nach dem Hauptlied in die Räume unter der Kirche zur Gruppenbesprechung gehen. Etwa alle 6 Wochen bleiben Kinder und Erwachsene im Gottesdienst beisammen. Die Gestalt dieser gemeinsamen Gottesdienste ist jeweils verschieden. Folgende Versuche wurden gemacht:
a) Nach einer auf die Kinder eingehenden Liturgie folgt die Erzählung der biblischen Geschichte für die Kinder (mit Fragen und Antworten). Dann, nach einem Liedvers, eine 7-Minuten-Predigt für die Erwachsenen über dieselbe Geschichte. Während dieser Kurzpredigt malen die Kinder ein Bild zur biblischen Geschichte. Sie knien meist auf dem Boden und zeichnen auf mitgebrachten Blocks auf der Sitzbank.
b) Die biblische Geschichte wird anhand von Bildern den Kindern erzählt. Diese Erzählung wird an drei bis vier Stellen durch kurze (zwei Minuten) Zwischenbemerkungen bzw. Fragen an die Erwachsenen unterbrochen. Da manche Erwachsenen sagten, sie könnten sich selbst einen Reim auf die Erzählung machen und würden gerne einfach der erzählenden Verkündigung für die Kinder zuhören, versuchten wir es mit der
c) Kinderpredigt, in der Hoffnung, damit auch die Erwachsenen anzusprechen.

In einem Dorf in der Nähe von Jerusalem spielten ein paar Buben auf der Straße. Einer hieß Levi, einer Jonathan und der dritte Thomas. Obwohl das jetzt schon lange her ist: wenn Buben spielen, ist's doch immer dasselbe: sie schreien, sie rennen, sie klettern, sie verstecken sich. – Als die drei gerade mitten im Spiel waren, kam auf einmal ein sehr vornehm gekleideter Mann mit ernstem, feierlichem Gesicht um die Ecke. »Jonathan, dein Vater!«, rief Thomas. Der Vater von Jonathan schaute sich nach dem Jungen um und rief mit strenger Stimme: »Jonathan, komm sofort her!« Er nahm ihn bei der Hand und zog ihn weg. Und als der kleine Jonathan sich immer nach seinen Freunden umdrehte, sahen sie, wie der Vater schimpfte. »Der Jonathan darf nicht mit uns spielen«, sagte Levi. »Warum denn nicht?« fragte Thomas. »Weißt du, sein Vater ist ein ganz rei-

cher, vornehmer Herr. Er würde nie mit unseren Eltern reden, nur mit seinesgleichen. Der will gar nicht, daß sein Junge mit so gewöhnlichen Buben spielt wie mit uns.« – »Das ist doch merkwürdig«, dachte Thomas. »Was hat denn der Vater von Jonathan gegen uns?« – In diesem Augenblick kam eine Gruppe römischer Soldaten die Straße entlang marschiert. Einige Erwachsene schauten zum Fenster heraus, aber nicht freundlich, sondern böse. Offenbar konnten die Juden die römischen Soldaten gar nicht leiden. Als die Soldaten bei den beiden Jungen vorbeikamen, da schrie der kleine Levi: »Hurra, es lebe Rom! Hoch lebe der römische Kaiser!« Da lachten die Soldaten, denn sie hatten es gern, wenn man ihren Kaiser hochleben ließ. Aber kaum waren sie vorbei, da rief die Mutter von Thomas zum Fenster heraus: »Komm sofort herein ins Haus, Thomas.« – »Aber Mutter«, sagte Thomas, »es ist doch noch gar nicht Abend!« – »Komm sofort«, sagte die Mutter. »Das fehlte noch, daß du mit so einem Jungen spielst! Pfui, mit einem Römerfreund. Eine Schande ist das. Mit dem und mit seiner Familie wollen wir nichts zu tun haben. Sein Vater ist ja Zöllner. Kein rechter Jude versteht sich mit solchen Leuten!«
Traurig ging Thomas ins Haus und in die Wohnstube. Da war gar niemand außer dem alten Großvater. Zu dem setzte sich Thomas. Und daß er nicht gerade fröhlich war, das könnt ihr euch denken. Wer läßt sich schon gerne beim Spielen stören?
»Was hast du denn?« fragte der Großvater. »Sonst redest du doch dauernd oder pfeifst oder rennst herum? Hast du Ärger?« – »Ach ja.« – »Hast was angestellt!« – »Nein, ich nicht. Die Großen gehen mir auf die Nerven.« »Wieso denn?«
Da erzählte der Thomas dem Großvater, was passiert war. »Ist das nicht ärgerlich, Großvater? Dem Jonathan seiner Familie sind wir nicht vornehm genug. Und mit dem Levi darf ich nicht spielen, weil sein Vater ein Zöllner und Römerfreund ist. Die Römer verachten uns Juden, und wir Juden schimpfen auf die Römer.« – »Tja«, sagte der Großvater, »siehst du, die Römer sind eben unsere Feinde.« – »Trotzdem«, rief Thomas. »Ich finde, alle Menschen sollten sich vertragen. Und unter den Erwachsenen gibt es soviel Streit. Vater hat gesagt, er versteht sich nicht mehr mit dem Onkel. Und Mutter meinte neulich, sie will nichts mehr mit der Kaufmannsfrau zu tun haben, weil die eine ganz gewöhnliche Person ist.« – »Weißt du,

Thomas«, meinte da der Großvater, »das sind eigentlich lauter Mißverständnisse«. – »Ich *will* aber nicht überall Mißverständnisse. Will der liebe Gott das vielleicht? Will er nicht, daß die Menschen sich verstehen?«

»Paß auf, Junge«, sagte der Großvater, »ich will dir eine alte Geschichte erzählen. Die hat mir mein Großvater erzählt, und der hatte sie von seinem Großvater: Vor langer langer Zeit haben sich die Menschen alle verstanden. Sie lebten alle beieinander. Viele Leute waren zusammen in einem Land. Tausendmal so viele wie in unserem Dorf. Sie bauten eine große Stadt, um darin zu wohnen. Und jeden Morgen sagten sie statt »Guten Morgen«: »Wir sind die Klügsten, wir sind die Größten, wir sind die Herren der Welt!« Sie freuten sich eigentlich gar nicht darüber, daß die Welt so schön ist; sie hatten keine Freude an all den Tieren, den Gärten, den Bäumen und den Blüten. Und abends, wenn sie zum Himmel hinaufschauten, um nach den Sternen zu sehen, vergaßen sie, Gott zu danken, daß sie einen so schönen, gesunden und friedlichen Tag hinter sich hatten. Statt dessen sangen sie Lieder wie dieses: »Heute gehört uns dieses Land und morgen die ganze Welt. Wir sind die Herren! Eines Tages werden wir bis zu den Sternen hinaufsteigen.«

Und an einem schönen Morgen sagte einer von ihnen: »Wißt ihr, wir sollten ein *Zeichen* haben für unsere Kraft und unsere Macht, – ein Denkmal müßten wir bauen, damit man sehen kann, noch in tausend Jahren, wie großartig und tüchtig wir sind.« »Fein«, sagten da die anderen. »Was für ein Denkmal sollte es denn sein?« »Vielleicht ein Schloß für den König? – aber das haben wir schon. Oder eine riesige Mauer um unsere Stadt? Auch das haben wir schon.« – »Wie wäre es mit einem Turm?« sagte einer. »Ja«, riefen die anderen. »Aber groß muß er sein, bis an den Himmel muß er reichen.« »Ja, bis an den Himmel« schrien alle. »Wenn wir dann auf der Spitze des Turmes stehen, ist niemand mehr über uns. Kein Mensch, kein Stern und kein Gott. Der Turm soll unseren großen Namen in den Himmel schreiben: Der Mensch hat alle Macht im Himmel und auf Erden!«

Als der Großvater bis dahin erzählt hatte, stieß ihn Thomas an: »Du, Großvater, haben denn die Leute vergessen, daß Gott alle Macht hat? Haben sie vergessen, daß sie ja krank werden und sterben könnten? Dann ist es schnell aus mit ihrer Kraft.«

»Ja, mein Junge, das haben sie vergessen«, sagte der Großvater. »Sie dachten: eines Tages werden wir wohl auch die Krankheit und den Tod besiegen. Und an Gott dachten sie wahrscheinlich gar nicht. Sie brauchten ihn ja nicht.
Und dann bauten sie. Jahrelang. Immer höher wurde der Turm. Immer stolzer und sicherer wurden die Menschen.« –
»Haben sie es fertig gekriegt?« fragte Thomas. »Sind sie bis zu den Sternen gekommen?« »Nein«, sagte der alte Mann. »Nicht einmal bis zu den Wolken kamen sie.« »Ja, wie geht dann die Geschichte weiter?« – »Das hast du heute nachmittag gesehen, Thomas. So geht sie aus, daß die Menschen sich nicht mehr verstehen. Sie bekommen immer wieder Streit. Mein Großvater hat erzählt, eines Tages habe Gott den Turm betrachtet. In seinen Augen war der große Turm noch ganz klein. Er mußte sich ordentlich herunterbeugen, um ihn zu sehen. Aber traurig war der Schöpfer.«
»Warum sind sie denn so hochmütig?« fragte Gott. »Ich muß ihnen zeigen, wo sie hinkommen, wenn sie mich vergessen; – wenn sie vergessen, daß ihr Leben und ihre Kraft mein Geschenk sind.« Und da verwirrte er ihre Sprache. Sie konnten einander nicht mehr verstehen. Sie bekamen Streit und zankten sich und entfernten sich immer mehr voneinander.
»Und der Turm?« fragte Thomas. »Ja, der Turm. Ein Mann, der weit herumgereist ist in der Welt, hat mir einmal erzählt, daß in der Stadt Babel die Trümmer von diesem Turm zu sehen sind. Ein Schutthaufen ist übriggeblieben. Und was aus der Menschheit geworden ist, hast du ja gemerkt: Römer, Juden, Ägypter; Reiche und Arme, Angeber und Ängstliche, Herren und Knechte. – Und obwohl ich den Turm nicht selbst gesehen habe, denke ich manchmal, das ist eine ganz wahre Geschichte. Sie war nicht nur damals wahr, als sie passiert ist. Diese Geschichte ist bis heute wahr geblieben.« – »Großvater«, fragte da der kleine Thomas, »darf man denn keinen Turm bauen? Ich möchte doch einmal Baumeister werden oder Erfinder.«
»Doch«, sagte der Großvater. »Der Mensch darf bauen und forschen, und vielleicht wird sogar mal einer durch die Luft fliegen lernen bis zu den Sternen. Aber er soll nicht vergessen, daß er ein Mensch ist, ein kleiner Mensch. Er soll sich nur nicht zuviel einbilden. Er soll Gott danken für alles, was er hat und was er kann. Er soll kein Angeber sein, sondern ein dankbarer Mensch.«

Da fragte der Thomas: »Werden denn die Menschen nun immer Streit haben? Werden sie nicht lernen, sich wieder zu verstehen und zu vertragen?« – Da faßte der Großvater den Jungen an beiden Händen: »Bitte Gott jeden Tag, daß er uns Menschen dazu hilft. Das kann nur er machen durch seinen guten Geist. In unseren heiligen Schriften steht, daß er einmal einen schicken wird, der uns lehrt, ihn zu verstehen und einander zu vertragen, ihn zu ehren und auch die anderen Menschen zu ehren. Dann werden die zerstreuten Menschen wieder zusammenfinden.«
Das ist die Geschichte, die der Großvater dem kleinen Thomas erzählte. Später, als aus dem kleinen Thomas ein Mann wurde, ist er Jesus begegnet. Er ist sein Jünger geworden. Er hat gemerkt: Jesus ist der Helfer, durch den Gott die Menschen wieder zusammenbringt. Unter den Jüngern waren nämlich vornehme Leute wie der Jonathan und auch Zöllner wie der Vater von Levi. Sie lebten mit Jesus und liebten ihn und vertrugen einander. Thomas erlebte auch, wie Jesus starb. Und er war bei denen, die ihn nach Ostern sahen. Und dann hörte auch Thomas den Befehl, den wir vorhin hörten, als das kleine Mädchen getauft wurde: wie Jesus sagt, ihm sei alle Gewalt im Himmel und auf Erden gegeben von seinem Vater. Und darum sollten die Apostel hingehen und alle Völker zu Jüngern machen, indem sie die Menschen tauften. Als Thomas das hörte, merkte er: Jetzt kommen die getrennten Völker wieder zusammen. Die Römer und die Juden, die Griechen und die Ägypter. Und dann kam nach Himmelfahrt der andere große Tag, der Tag des Pfingstfestes. Da hat der Apostel Thomas vielleicht an seinen Großvater und an die Geschichte vom Turm gedacht, und er hat gewußt: Nun lädt Gott die Menschen ein, zurückzukehren und einander zu verstehen. Nun sollen sie anfangen, ihn und einander zu ehren. –
In der Zwischenzeit sind viele Türme gebaut worden. Die Menschen haben gelernt, in den Himmel zu fliegen. Wer weiß, vielleicht wird die kleine Monika, die wir vorhin getauft haben, einmal ihre Hochzeitsreise auf den Mond machen. Das ist nichts Böses, wenn man auf den Mond fliegt, Wenn nur wir Menschen nicht vergessen, wem wir alles verdanken. Wenn wir nur bei allem Schaffen und Bauen und Fliegen das nicht vergessen, was wir nachher singen.

Sodom verlassen
Ludwig Keller

(1. Mose 19,1–29)

Ich will heute das Beispiel von Sodom erzählen, von der Stadt, die brennen muß, weil die Leute dort süchtig sind nach Genuß und Vergnügen. Es ist auch das Beispiel von Lot, dem Mann, der dem Untergang zwar entkommt, aber den Weg und die Wahrheit und das Leben doch nicht findet. Es ist auch das Beispiel von der Mutter, die nur Mutter und nichts weiter sein kann und deshalb erstarrt vor dem Grauen des Untergangs, vor der brennenden Stadt. Es ist also ein Beispiel für uns, ein Spiegel, in dem wir uns erblicken, wie wir sind. Und allerdings auch ein Beispiel für den Ruf, der uns aus Sodom heraus retten will.
Wir müssen uns die Stadt klein vorstellen, abseits gelegen, aber hübsch in idyllischer Landschaft. Die Leute sind wohlhabend und nehmen ihre Bedürfnisse und deren Befriedigung wichtig. Sie mögen Arme nicht, die sich nichts leisten können, und mißtrauen Leuten, die mit wenigem auskommen, wie die Nomaden, die mit ihren Herden zwischen Wüste und Fruchtland leben und manchmal in die Stadt kommen, um Felle und Teppiche und Tiere zu verkaufen. Sie lassen die nicht in ihre Häuser und sehen zu, daß sie abends wieder aus der Stadt sind.
Am Abend ist dort Betrieb auf den Straßen und dem Platz am Tor. Schön gekleidet zünden sie bunte Laternen an, genießen die Abendkühle, Wein, gutes Essen, Musik und Liebe. Sie haben Sklaven zur Bedienung, die auch schön aussehen und lächeln müssen. Die Armen, die nicht mithalten können, lassen sich nicht blicken. An die Kranken denkt man nicht. Es stört also, wenn noch spät zwei Fremde in die Stadt kommen, denen man den weiten staubigen Weg ansieht, ohne Reittiere, ohne Gepäck, Vagabunden. Sie setzen sich auf den Boden an der Stadtmauer und wollen wohl da übernachten. Keiner kümmert sich um sie, aber jeder bemerkt sie. Aber dann geht doch einer auf sie zu und lädt sie höflich, sehr höflich in sein Haus ein. Sie lehnen ab: Wir schlafen hier draußen. Er redet leise auf sie ein, und sie gehen schließlich mit ihm in sein Haus. Niemand hat sich darum gekümmert, aber alle wissen es: Lot nimmt Vagabunden bei sich auf.

Lot ist es, der Schlaukopf, der hat ein Haus in der Stadt, hat eine Frau und Schwäger und zwei Töchter und zukünftige Schwiegersöhne und gehört also dazu, fühlt sich wie ein Alteingesessener. Er, der in einer Stadt aufgewachsen ist, hat einmal für kurze Zeit wie ein Nomade gelebt und ist dann wieder in die Stadt gezogen. Nun kann er sich's leisten, Fremde aufzunehmen, kann ihnen Wasser zum Waschen bieten, Milch und Brot. Da sind sie nun bei ihm drin, die Fremden ohne Gepäck. Sie faszinieren ihn in ihrer Bedürfnislosigkeit. Er hatte selbst einmal so sein wollen, damals, als er dem alten Mann folgte und die Heimatstadt verließ. Er hatte die stikkige Enge der Stadt schon einmal hinter sich gebracht und war einer großen Hoffnung gefolgt. Aber dann hatte doch die Vernunft (oder die Angst) gesiegt, und er hat es geschafft, wieder ein Bürger zu werden unter Bürgern. Aber er hängt seinem Jugendtraum nach und findet Leute gut, die so sind, wie er eigentlich hatte sein wollen. Sie sind ihm wie Boten aus einer anderen, freieren Welt.
Die Bürger von Sodom haben dies Unsolide, dies Schwanken an ihm bemerkt. Und sie können es nicht dauernd ertragen, daß einer von ihnen sich sehnt, ein anderer zu sein, anders als sie alle. Ihnen ist das Haben und Genießen absolut wichtig – der aber staunt die Habenichtse an, die auf der Straße schlafen mögen. Sie wollen ihre Bedürfnisse respektiert wissen – der aber himmelt die Bedürfnislosen an. Sie feiern ihre Gier als Kraft, ihren Geschlechtstrieb als Leben, und das sollen die Fremden auch tun. So sagen sie's einander weiter: Die holen wir uns heute. Sie schlagen an Lots Haus in der Nacht, sie schreien und fordern seine Gäste: Gib sie uns heraus, wir wollen sie haben! Wir wollen sie ausziehen und genießen und sehen, was sie können. Gib sie heraus und komm mit. Die Gierigen ertragen es nicht, daß jemand unter ihnen der Gier nicht gehorcht. Darum stehen sie und lärmen um Lots Haus herum und wollen den Triumph der Gier an den Fremden demonstrieren.
Lot begreift noch nicht. Er denkt noch, er könne beides sein: ein Bürger in der Stadt und ein Freund der Fremden, die anders sind. Er geht vor die Tür und redet mit den Städtern. Er nennt sie Brüder, er nennt böse, was sie vorhaben, aber er bietet ihnen seine Töchter an. Die Mädchen, ja, die gehören hierher, sind hier geboren, gehören zur Stadt, die sollen mitmachen und dabeisein. Aber die Fremden nicht, die gehören zu seinem Traum, zu seiner verlorenen und

nicht ganz vergessenen Hoffnung. Darum steht er im Gedränge und redet und streitet mit ihnen, bis sie ihn endlich beiseite stoßen und die Haustür stürmen. Bist selbst ein Zugezogener und willst uns Vorschriften machen! Mit dir werden wir's noch ganz anders treiben.

Wie er an die Wand gedrückt wird, geschieht dies: Die Haustür wird von innen geöffnet, die beiden Fremden treten heraus, schieben ihn ins Haus und drücken die Tür von außen zu. Dann stehen sie und sehen auf die schreienden, lachenden, wütenden Leute.

Manchmal, sehr selten geschieht das, was nun geschah: daß ein Mensch unangreifbar, unberührbar wird für alle anderen, obwohl er vor ihnen steht, obwohl sie ihn greifen wollen, obwohl er sich nicht wehrt, überhaupt nichts tut. Manchmal sind Menschen so erfüllt von der Stille, daß alles Geschrei und Lärmen sich an ihnen totläuft, sie nicht erreichen kann. Die Juden sagen, es sei die Schechina, die Unbegreiflichkeit und Unangreifbarkeit Gottes, die manchmal, sehr selten einen Menschen umgibt. Da geht dieser Mensch dann mitten durch seine Feinde hindurch, die ihn vom Felsen stürzen oder steinigen wollen. Und so stehen nun diese zwei Fremden vor der Tür, und die Leute der Stadt können nicht an sie herankommen und begreifen nicht, wieso. Sie versuchen es noch lange. Das kann doch nicht sein, denken sie. Oder sind wir so berauscht? Aber schließlich müssen sie aufgeben und ziehen verwirrt und wütend ab. Morgen ist auch noch ein Tag, denken sie, und bei Licht werden sie uns nicht mehr zu Narren machen. Aber am anderen Morgen brennt schon diese Stadt.

Nun zu Lot. Er hat begriffen, daß er nicht zu Hause ist in dieser Stadt. Auf niemanden kann er hier rechnen, keiner hält zu ihm. Er gehört nicht dazu. All die Jahre, die er hier lebt, hat er sich etwas vorgemacht, weil die Leute ihn vielleicht respektiert haben, nett gewesen sind zu ihm, solange er ihnen paßte. Aber nun paßt er ihnen nicht mehr. Das ganze Elend seines mißlungenen Bürgertums ist offenbar. Deshalb ist er auch schnell bereit zu glauben, was die Fremden sagen: daß die Stadt verdammt ist und brennen muß. Sie schikken ihn noch los, und er geht auch zu seinen Schwiegersöhnen, sagt ihnen, was er denkt, daß sie mit ihm sofort weggehen sollen, weil die Stadt keinen Tag mehr bestehen kann. Aber die lachen ihn aus. Man kann ja verstehen, daß du wütend bist, aber davon geht

die Welt noch nicht unter. Schlaf erst mal drüber, die andern schlafen auch, und morgen sieht alles ganz anders aus, und alles läßt sich regeln. Im ersten Zorn soll man keine Beschlüsse fassen.
Mit diesen Reden im Ohr und im Sinn kommt er nach Hause und zögert nun und will's erst noch überlegen. Aber die Fremden greifen ihn und seine Frau und seine beiden Töchter, und mit eigenen Händen ziehen sie die ganze Familie zur Stadt hinaus und weiter. Flieht ins Gebirge, seht euch nicht um!
Das ist Wahnsinn, denkt die Frau, das ist unser Ende. Wo sollen wir denn hin, wovon sollen wir leben, es gibt doch nichts außer unserer Stadt. Wir kennen niemanden, das Gebirge ist wüst, wir werden sterben. Woanders gibt es kein Leben für uns. Wer sind diese Fremden, daß sie uns zu Flüchtlingen machen wollen mitten im Frieden? Die machen uns ja verrückt. Lot hatte schon immer etwas von dieser Verrückheit mit seiner Vorliebe für Vagabunden. Nun sind sie unser Untergang. – Hilft uns denn niemand, ruft niemand, kommen meine Eltern und Geschwister nicht und holen uns zurück? Das muß sich doch regeln lassen. Wir wollen doch vernünftig sein und nicht in unseren Tod rennen.
Da schaut sie sich um und sieht Sodom brennen. Außer den Flammen bewegt sich nichts. Sie hört auch nichts. Sie rührt sich nicht mehr. Ihr Tod ist da, ihr starrer Tod aus Gram und Nichtbegreifen.
Ein Denkmal ist sie geworden all der Mütter, die vor Gram erstarrt sind im Anblick brennender Städte. Soviel Salz kann das Tote Meer gar nicht haben, wie in den Tränen der Mütter geflossen ist, der Mütter, die nicht mit ihren Kindern in die Wüste wollen; die den Fremden nicht trauen, der Verheißung nicht glauben können, daß das Leben nur gewinnt, wer sein Leben hingibt.
In unser Leben kommt auch ein Mann, der nichts hat, der sagt, er sei der Weg und die Wahrheit und das Leben, und drängt uns, daß wir Sodom verlassen und mit ihm gehen. Und sein Weg führt nicht zum Genuß, sondern zum Kreuz und zu einem neuen Leben, an das kein Tod und kein Schmerz und Krieg mehr rühren kann, weil es das Leben Gottes ist.

(Vorletzter Sonntag im Kirchenjahr – Volkstrauertag)

Variationen zu Abraham
Axel Denecke

(1. Mose 22,1–19)

Variation I

... Da rief der Engel des Herrn, und der Engel sprach: »Lege deine Hand nicht an den Knaben und tue ihm nichts; denn nun weiß ich, daß du Gott fürchtest. Du hast deinen Sohn, deinen einzigen, mir nicht vorenthalten.« Und Abraham erhob seine Augen, und als er den Widder sah, rief er: »Hebe dich weg von mir, Satan. Es ist Gottes Gebot. Ich weiß, was er von mir verlangt. Er ändert sein Gebot nicht. Satan, du kannst mich nicht in Versuchung führen.« Und er nahm das Messer und schlachtete seinen Sohn Isaak und brachte ihn Gott zum Brandopfer dar. Und Abraham fiel auf seine Knie und betete: »Herr, mein Gott, ich bin dein gehorsamer Diener. Ich bin den Weg gegangen, den du mich hast gehen lassen. Ich habe dein Gebot gehalten, unbeirrt. Du bist groß und erhaben, der Gleiche von Ewigkeit zu Ewigkeit.«
Und Gott sprach: »Ungehorsam bist du, Abraham. Ein neues Gebot habe ich dir gegeben, und du hast nicht darauf gehört. Nicht auf mich hast du gehört, sondern auf deine Vorstellungen von mir und die deiner Väter. Recht und Gerechtigkeit will ich und keine Opfer. Darum soll es dir ergehen wie deinen Vätern, die sich selbst dienten und nicht mir, die nach hinten schauten und nicht nach vorn.«
Und Abraham stand auf und erstarrte zur Salzsäule.

Variation II

... Und Abraham wies den Engel Gottes als Boten des Satans von sich und schlachtete seinen Sohn Isaak. Und er fiel auf seine Knie und betete: »Herr, mein Gott, ich bin dein gehorsamer Diener. Ich bin den Weg gegangen, den du mich hast gehen lassen. Ich habe dein Gebot gehalten, unbeirrt. Du bist groß und erhaben, der Gleiche von Ewigkeit zu Ewigkeit.«
Und Abraham stand auf und machte sich erhobenen Hauptes auf den Heimweg. Von ferne schon sahen ihn seine Freunde kommen. Und sie liefen ihm entgegen, fielen vor seinen Füßen nieder und sagten: »Groß bist du, o Abraham. Was du getan hast, keiner von uns hätte dies tun können. Wir hätten gezaudert und geweint, wir

hätten mit Gott gerechtet. Wir sind schwach, du aber bist stark. Dein Glaube ist unerschütterlich. Du sollst unser Führer sein, ja, unser Herr sollst Du sein.«
Und sie führten ihn in ihre Mitte nach Beerseba und verehrten ihn. Sie brauchten Gott nicht mehr, denn sie kannten seine Gebote, unabänderlich, unumstößlich, von Ewigkeit zu Ewigkeit. Jeden Tag wurden sie wiederholt, und Abraham achtete darauf, daß sie nie vergessen wurden. Und solange Abraham lebte, bleibt alles beim alten, es änderte sich nichts.
Und Gott machte noch viele Versuche, den Menschen sein neues Gebot zu zeigen. Und jedesmal, wenn ein Bote Gottes kam und »Barmherzigkeit statt Opfer« sagte, wurde er verspottet, gefoltert, ja getötet. Zuletzt töteten sie seinen einzigen Sohn. Und Gott geriet immer mehr in Vergessenheit. Sein altes Gebot ersetzte ihn. Und Abraham ward unsterblich.

Variation III
... Da rief ihn der Engel des Herrn, und der Engel sprach: »Lege deine Hand nicht an den Knaben und tue ihm nichts; denn nun weiß ich, daß du Gott fürchtest. Du hast deinen Sohn, deinen einzigen, mir nicht vorenthalten.« Da hob Abraham seine Augen auf und sah einen Widder hinter der Hecke mit den Hörnern hängen und ging hin und opferte ihn zum Brandopfer an seines Sohnes Statt.
Und Abraham machte sich auf den Weg zurück nach Beerseba. Er nahm seinen Sohn Isaak an die Hand und herzte und küßte ihn. Von der Ferne schon sahen ihn seine Freunde kommen. Und sie liefen ihm entgegen und fragten voll Erstaunen: »Abraham, was ist geschehen?« Und Abraham erzählte ihnen, daß der Herr ihm den Widder geschickt hatte, als er Isaak schlachten wollte. Er erzählte ihnen von dem neuen Gebot Gottes. »Barmherzigkeit will der Herr, keine Opfer«, sagte Abraham. Und seine Freunde entrüsteten sich, sie zerrissen ihre Kleider und schrien: »Du lügst Abraham. Du lästerst Gott. Du bist ungehorsam. Wir kennen Gottes Gebot, und du kennst es auch. Du bist schwach geworden, schwach und feige bist du. Du liebst deinen einzigen Sohn mehr, als du Gott liebst. Und weil du ungehorsam bist und die Treue zu Gott gebrochen hast, mußt du sterben.«
Und Abraham wollte sich rechtfertigen, aber sie erstickten ihm die

Worte im Mund und zerrten ihn und Isaak nach Beerseba und errichteten daselbst einen Brandopferaltar und schlachteten beide zur Ehre Gottes. Und sie tanzten um den Altar herum, ritzten sich mit Messern, daß ihr Blut herabfloß, und riefen: »Groß ist unser Gott, der Herr, der Unvergängliche. Abraham hat er in Versuchung geführt, und Abraham ist gefallen. Wir aber fallen nicht, wir stehen fest. Wir sind gehorsam. Wir wissen, was Gott von uns verlangt. Heute und in alle Ewigkeit.«

Und sie tanzten so jeden Tag, und einer sagte zum anderen: »Wir sind Gott gehorsam, und wehe, einer kommt mit einem neuen Gebot.« Und sie fürchteten sich sehr, denn keiner wußte vom anderen, ob er auch wirklich Gott gehorsam war. Und in ihrer großen Furcht voreinander vergaßen sie Gott selbst immer mehr und mehr. Und jeden, der ihnen von Gott Neues erzählte, den schlachteten sie wie Abraham, denn sie hatten Angst, Angst voreinander und auch vor Gott.

So schlachteten sie am Ende auch Jesus von Nazareth, einen schwachen und gottlosen Menschen, sie schlachteten ihn Gott zur Ehre. Und Gott hörte auf, sich den Menschen zu zeigen. Er zog sich von den Menschen zurück, die Menschen zogen sich von ihm zurück. Und die Menschen opferten sich gegenseitig, einer den anderen. Und die Welt war nicht mehr, sie war wüst und leer.

Variation IV

... Und Abraham opferte den Widder zum Brandopfer an seines Sohnes Statt. Und Abraham machte sich auf den Weg zurück nach Beerseba. Er nahm seinen Sohn Isaak an die Hand und herzte und küßte ihn. Von der Ferne schon sahen ihn seine Freunde kommen. Und sie liefen ihm entgegen und fragten voll Erstaunen: »Abraham, was ist geschehen?« Und Abraham erzählte ihnen alles, was geschehen war. Und seine Freunde entrüsteten sich, nannten Abraham einen feigen und ungehorsamen Diener Gottes und verbannten ihn und Isaak aus ihrer Mitte.

Und Abraham nahm seinen Sohn Isaak an die Hand, und im Vertrauen auf Gott zogen sie in ein fernes Land, um dort von dem neuen Gebot Gottes zu erzählen. Und überall wurden sie fortgetrieben, von Land zu Land, Jahr um Jahr. Sie aber hielten Gott die Treue, beide, Isaak und Abraham.

Und wenn einer von beiden müde wurde, sich unter einen Ginsterstrauch legte und sagte: »Es ist genug. So nimm nun, Herr, mein Leben hin. Es glaubt keiner deinem neuen Gebot«, so war es stets der andere, der ihn wieder aufrichtete, ein geröstet Brot und einen Krug voll Wasser brachte und sprach: »Nimm hin und iß. Und dann steh auf. Denn wir haben noch einen weiten Weg.« Und einmal, als sich beide müde und mutlos hinlegten, erschien der Herr ihnen selbst und sprach: »Ihr seid meine Boten. Ich brauche euch. Ihr sollt mein neues Gebot den Menschen weitersagen. Ihr müßt Geduld haben mit den Menschen. Sie lernen so schwer. Sie haben so viele Ausreden und führen auch mich dafür ins Feld. Sie sagen »Ja« und tun doch »Nein«, denn sie wollen sich nicht ändern. Es ist ein langer Marsch für euch. Aber ich bitte euch: Verlaßt mich nicht. Geht weiter um meinetwillen. Geht weiter um der Menschen willen, die euch fortschicken. Sie brauchen euch. Ich liebe die Menschen, aber ich will sie nicht zwingen, mich auch zu lieben.«
Und als Isaak und Abraham diese Worte hörten, faßten sie wieder neuen Mut und gingen weiter, denn sie kannten ihren Auftrag, das neue Gebot: »Barmherzigkeit statt Opfer« heißt es.
So leben sie mitten unter uns, wandern durch unsere Städte und Dörfer, ziehen ruhelos, aber unbeirrt hierhin und dorthin und behalten die gute Hoffnung, daß die Menschen doch noch lernen werden, wie das neue Gebot Gottes heißt, daß sie Gott lieben, einander lieben.

Variation V

... Und Abraham machte sich auf den Weg zurück nach Beerseba. Er nahm seinen Sohn Isaak an die Hand und herzte und küßte ihn. Von der Ferne sahen ihn schon seine Freunde kommen. Und sie liefen ihm entgegen und fragten voll Erstaunen: »Abraham, was ist geschehen?« Und Abraham erzählte ihnen, was ihm geschehen war. »Ein neues Gebot Gottes bringe ich euch. Barmherzigkeit statt Opfer. Vergebung statt Vergeltung. Liebe statt Gesetz. Eintracht statt Zwietracht.«
Und die Bewohner von Beerseba hörten es, und sie sahen den Abraham, wie er den Isaak herzte und küßte. Und der Geist Gottes kam über sie, und sie glaubten dem Abraham. Ihr Glaube war so groß, daß er ihr Leben bestimmte. Sie kehrten zurück nach Beerse-

ba, lobten Gott, seine wunderbaren Taten, mit denen er sich ihnen jeden Tag neu zeigt, und erzählten es allen weiter. »Gott ist nicht so, wie wir denken. Er ist viel mehr. Er zeigt sich uns immer wieder anders. Es ist schön bei ihm, er ist weit größer als unsere Gedanken über ihn, er ist weit größer als die Gebote, die er uns sendet. Wenn wir jeden Tag neu die Ohren öffnen, hören wir ihn, stets anders, aber den gleichen treuen Gott.« So erzählten sie ihren Frauen und Mägden, ihren Müttern und Vätern, den Kindern und Greisen, den Knechten, Sklaven, Fremdlingen, ja gar den Tieren. Und es entstand eine große Freude unter allen. Der Feind speiste seinen Gegner, der Sklave wurde zum Freien, die Alten lauschten auf die Jungen und die Jungen auf die Alten, der Löwe fraß Stroh wie das Rind, der Säugling spielte am Loch der Otter, und nach der Höhle der Natter streckte das kleine Kind die Hand aus. Der Wolf war zu Gast beim Lamm, und der Panther lagerte beim Böcklein. Und alle Schwerter wurden zu Pflugscharen geschmiedet.
Und jeden Abend saßen sie alle beisammen, eine große Gemeinschaft, sie brachen das Brot, dankten Gott und lauschten, ob er ihnen wohl ein neues Gebot, ein noch freundlicheres, zu sagen hätte. Und Gott sagte ihnen, wenn sie aufmerksam lauschten: »Es ist genug. Ihr braucht kein neues Gebot. Das Gebot des Abraham reicht für euch, für alle Menschen. Ein neues Gebot ist nicht nötig.« Denn das Reich Gottes war mitten unter ihnen durch das neue Gebot des Abraham, dem sie gehorchten, das sie liebten, dem sie treu blieben.
Und als Gott am Ende der Tage seinen einzigen Sohn zu ihnen schickte, da wurde er mit offenen Armen aufgenommen, sie herzten und küßten ihn und feierten ein großes Fest, das Fest der Freunde Gottes. Und keiner war ausgeschlossen.
Und das war alles so gekommen, weil Abraham, der Vater des Glaubens, Gott gehorsam war; weil er mit 130 Jahren noch so jung war, um mit offenen Ohren zu lauschen und ein neues Gebot von Gott zu lernen.

Gott, wie man ihn gerne hätte
Rainer Bungenstock

(2. Mose 32,1–6)

Ich möchte eine Geschichte erzählen; eine Geschichte nacherzählen, die bekannt ist und die uns eben vorgelesen wurde. Diese Geschichte fängt damit an, daß einer ruft: Aaron, wir brauchen einen Gott!
Es wurde unruhig dort unten am Berg Sinai. Erst waren es ja nur wenige, die ein Wort wagten. Aber bald hörte man es überall: Vielleicht hat er sich abgesetzt, dieser Mann Mose. Wer weiß, was ihm zugestoßen ist, der uns aus ägyptischer Knechtschaft befreite. Mag sein, daß er längst tot ist. Aaron, schnell einen Gott!
Eindrucksvoll war das schon. Sicher. Donner und Blitz, die Wolke und der Posaunenschall. Damit konnte sich Gott schon sehen lassen. Aber was dann dabei herauskam, war doch arg wenig: Zehn lästige Sprüche über Gott und die Welt.
Du sollst nicht töten! Klar. Du sollst nicht stehlen! Natürlich nicht. Vater und Mutter sollst du ehren! Sicher. Halte den Feiertag! Wem sagst du das?
Aber: Du sollst keine anderen Götter neben mir haben und du sollst dir kein Gottesbild machen, keinerlei Abbild, weder dessen, was oben im Himmel, noch dessen, was unten auf der Erde, noch dessen, was in den Wassern unter der Erde ist!
Was das nun sollte?
Anstatt zu erklären, geht er fort. Anstatt nur ein Wort zu sagen und mit diesem einen Wort Licht in das Dunkel zu bringen, zieht er sich zurück auf den Berg, zu seinem Gott, um mit ihm zu sprechen.
Mose ist nicht mehr, Aaron! Mach *du* uns einen Gott!
Da steht er nun: Aaron, der Priester, der Pfarrer, der Geistliche seines Volkes. Und er macht ihnen ihren Gott.
Wie sie ihn denn gerne hätten? Sie sollten mal Vorschläge machen!
Stark müßte er sein und mächtig. Toben müßte er können, unberechenbar sein. Die Feinde niedertrampeln müßte er, die Kanonen segnen. Er müßte uns voranziehen im Kampf für Volk und Vaterland. Garantieren müßte er, daß alles so läuft, wie wir es gerne möchten, daß Gut Gut und Böse Böse bleibt. Klare Verhältnisse

müßte er schaffen, mal richtig dazwischenschlagen. Und richten müßte er zwischen uns und euch, zwischen Mein und Dein, zwischen Schwarz und Rot und zwischen fromm und gottlos. Gütig müßte er sein zu den Guten und zornig zu den Schlechten. Eben stark und mächtig. Ja, so müßte er sein. So stellen wir ihn uns vor. Komm, Aaron, mach uns diesen Gott! Es geht nicht ohne ihn. Wir brauchen ihn! Los, Aaron, Priester, walte deines Amtes! Wozu sonst bist du da?

Der Pfarrer überlegt. *Er* könnte ihnen ja erklären, was es auf sich hat mit jenem dunklen: »Du sollst dir kein Gottesbild machen.« Er könnte ihnen ja erzählen von der Not der Gottmacher und ihren Wunschgöttern. Er könnte ihnen zeigen, wie das zusammenhängt: Gottesbild und Menschenbild. Auch von ihrer Anbetung könnte er reden, von ihren Opfern, von ihrer Religion, wie sie das Werk ihrer bildermachenden Hände ist, geboren aus der Angst vor dem Ende des schönen Scheins. Ja, Angst könnte er ihre Religion schimpfen, Flucht ihren Wunsch nach diesem starken Gott. Um die Ohren schlagen könnte er den Machern ihr Gemachtes, den Bildnern ihr Gebilde; könnte ihnen zeigen, daß der gemachte Gott machtlos ist, weil die Macht ja bei den Machern ist, deren Anbetung nur sich selber gilt. Geplärre könnte er ihre Lieder nennen. Schande ihre Opfer, Gestank ihre Feiern.

Sollten sie begreifen, was das heißt: Du sollst dir kein Gottesbild machen, müßte er ihnen die Treue des Gottes vor Augen malen, der sie aus der Knechtschaft befreit hat. Fragen müßte er sie, ob das nicht genüge, daß dieser Gott »Befreier« heiße. Gott ihrer Väter, Gott Israels. Von der Eifersucht ihres Gottes müßte er reden, der sein Volk liebt und keine Götter neben sich duldet.

All das könnte er ihnen sagen. Aber er tut es nicht. Er baut ihnen ihren Gott aus dem Gold ihrer Ringe. Ihr Bestes verlangt er, und sie geben es willig, denn sie brauchen ihn, ihren Gott, angefertigt nach ihrem Bild, geboren aus ihrer Angst. Ihren Interessengott, notwendig zum Überleben dort unten in der Wüste am Fuß des Berges Sinai. Aaron formt ihnen einen Stier, einen Bullen, stark und mächtig, tobend und unberechenbar, niedertrampelnd und schnaufend, prall die Zeichen seiner Männlichkeit: den Kriegsgott, den Ordnungsgott, den Garantiegott, den Opfergott, das Werk ihrer Hände, Bild nach ihrem Bilde.

Hätte er ihnen erzählt, wie lange er löten mußte, bis die Hörner festsaßen, wieviel Nieten er brauchte, bis der Schwanz endlich hielt; hätte er ihnen gesagt, wieviel Stützbalken das Tier davon abhielten, in sich zusammenzubrechen, vielleicht hätten sie die erbärmliche Lächerlichkeit ihres wackelnden Götzen eingesehen.

Aber all das sahen sie nicht, und Aaron verschwieg es ihnen. Die Bildermacher waren blind geworden in ihrem Eifer für das Bild. Hätte man es ihnen genommen, sie hätten um sich geschlagen. Hätte man ihren Gott für tot erklärt, sie wären verstört gewesen. Hätte man ihren Stier als blökendes Kalb bezeichnet, sie hätten nicht weitergewußt.

Ja, sie brauchten ihren Gott. Sie mußten sich ein Bild machen, wollten sie überleben, allein dort unten in der Wüste am Fuße des Berges Sinai.

Aaron baute ihnen einen Altar. Einen Altar vor ihrem Bild. Und sie nannten den Stier, ihr Bild, ihr Machwerk, sich selbst »Befreier« und opferten vor dem Stier, ihrem Bild, ihrem Machwerk, vor sich selbst. Fromme Bildermacher im berauschten Tanz vor dem Trugbild ihrer selbst, ihrer Angst, ihren Wünschen und Sehnsüchten.

»Du sollst dir kein Gottesbild machen, keinerlei Abbild, weder dessen, was oben im Himmel, noch dessen, was unten auf der Erde, noch dessen, was in den Wassern unter der Erde ist.« Ja, so hatte der gesprochen, der sie aus der Knechtschaft befreite. Aber dann schwieg er und ließ sie allein mit ihren Fragen dort unten in der Wüste am Fuß des Berges Sinai.

Die Geschichte ist hier zu Ende. Vielmehr: Sie wäre hier zu Ende, hätte Gott dem Tanz um den Stier teilnahmslos zugeschaut, hätte er den Bildermachern ihre Bilder gelassen. Sie wäre ganz gewiß auch zu Ende, hätte er sie samt ihren Bildern in der Wüste umkommen lassen, hätte er sie dort vernichtet.

Aber das wollte er nicht. Er war einer, der zu seinem Wort stand, der wollte, daß sie begriffen, was es auf sich hat mit dem: Du sollst dir kein Gottesbild machen.

Und da Mose fort war und Aaron ihnen nichts sagte, stellte er ihnen *sein* Bild auf. Mitten hinein in ihre Tänze, mitten hinein in ihre Gottesdienste, mitten hinein in ihre Opfer, mitten hinein in die fromme Geschäftigkeit, mit der sie die Angst vertrieben, allein in der Wüste. Keinen Stier, stark und mächtig, tobend und unberechenbar, nie-

dertrampelnd und schnaufend, prall die Zeichen seiner Männlichkeit. Nicht das Trugbild ihrer selbst, geboren aus ihrer Angst, ihren Wünschen und Sehnsüchten.
Nein, sein Bild war anders: ein Kreuz und einer, der verblutete. Ein Galgen und einer, der am Ende war.
Das war sein Bild, gemacht von ihm für die Bildermacher und ihre Angst. Er machte ein Bild, damit sie keine Bilder mehr zu machen brauchten. Er wurde wie sie, damit sie nicht mehr wie er zu sein brauchten. Er wurde Mensch, damit sie nicht mehr Gott zu sein brauchten.
Als ob er es ihnen so einschärfen wollte: Du sollst dir kein Bildnis machen, denn du brauchst dir kein Bild zu machen.

Ein Netz ist unter uns gespannt
Horst Hirschler

(*2. Mose 33,12–23*)

In der vergangenen Woche hörte ich von einem Gespräch zwischen zwei ehemaligen Schulfreunden. Sie hatten sich lange nicht gesehen, und es gab wieder einmal genug zu erzählen. Als sie sich wieder ein bißchen angewärmt hatten miteinander, muß der eine plötzlich gesagt haben:
Du hast vorhin gefragt, wie es uns geht. Ich muß sagen, es geht uns richtig gut im Augenblick. Manchmal möchte ich, daß die Zeit stehenbleibt. Das hört sich vielleicht komisch an – aber ich möchte im Augenblick nicht mehr älter werden – oder alles festhalten können, was jetzt da ist. Das Gefühl habe ich so stark eigentlich noch nie gehabt.
Seit einem Jahr ist unser Haus fertig. Das meiste daran jedenfalls. Mit meiner Frau vertrage ich mich gut. Mit den Kindern läuft es in der letzten Zeit prima. Sogar in der Schule geht es. Mit dem 18jährigen habe ich vorgestern mich einen halben Abend lang über Politik unterhalten, ohne daß einer von uns abschaltete. Das hatten wir seit Jahren nicht mehr. Und auch sonst, mit den Kollegen bei der

Arbeit geht es gut. Sicher gibts mal Krach, aber sie sind dann wenigstens ehrlich. Solange ich die Arbeit da habe ... Verstehst du, was ich meine? Man müßte die Zeit anhalten können. Denn was kommt, weißt du nicht. Und manchmal denke ich, so gut kann es eigentlich nicht weitergehen. Dem Nachbarn hat einer vor sechs Tagen den Jungen angefahren, einen 9jährigen, er liegt noch ohne Bewußtsein im Krankenhaus.

Ist vielleicht Unsinn, daß man sich solche Gedanken macht, aber manchmal denkt man an so etwas. – Soweit dieser Schulfreund.

Ich glaube, man kann verstehen, daß einer sich zwischendurch solche Gedanken macht. Denn was kommt, wissen wir nicht.

Und daß man das festhalten möchte, was man erreicht hat, daß einer Angst davor hat, daß er das wieder verliert, wer kennt das nicht?

Der Predigttext dieses Sonntags, den wir vorhin schon gehört haben, erzählt etwas davon, wie einer mit dem Dunkel der kommenden Zeit umzugehen versucht.

Es ist eine alte Geschichte. In einigen Partien sicher 3000 Jahre alt. Ich lese noch einmal einige Sätze daraus:

Mose sprach zum Herrn: Wenn ich wirklich Gnade vor deinen Augen gefunden habe und das Volk hinaufführen soll in jenes fremde Land, dann laß mich deine Pläne wissen, damit ich dich erkenne. Der Herr sprach: Soll mein Antlitz vor dir hergehen und dich zu deiner Ruhe bringen? Mose sagte zu ihm: Wenn dein Antlitz nicht mitgeht, dann laß uns gar nicht erst von hier hinaufziehen. Da sprach der Herr zu Mose: Was du erbeten hast, will ich tun. Mose aber sprach: Laß mich doch darüber hinaus auch noch deine Herrlichkeit sehen. Der Herr antwortete: Du, ich will vor dir all meine Güte vorüberziehen lassen. Ich will vor dir sogar ausrufen lassen meinen Namen, der lautet: Ich bin dem gnädig, dem ich gnädig bin. – Aber mein Antlitz, das kannst du nicht sehen. Denn kein Mensch kann leben, der mich sieht. Wenn meine Herrlichkeit vorübergeht, will ich meine Hand schützend über dich breiten, bis ich vorüber bin. Dann darfst du hinter mir hersehen. Aber, mein Antlitz kann man nicht sehen.

Ich höre in dieser alten Geschichte etwas von dem Gefühl des Schulfreundes von vorhin: Was kommt, weißt du nicht.

Mose hat ja einiges hinter sich. Er weiß, was es heißt, noch einmal davongekommen zu sein. Er kann sagen: Wir sind den gepanzerten Wagen des Pharao entkommen. In der Wüste sind wir dezimiert worden. Wir hatten keinen Mangel an Angst und Schrecken. An Durst auch nicht. Manchmal, sicher, ging es uns besser. Aber lange dauerte das nie. Und meine Leute wissen bis heute nicht, was besser ist, der relative Wohlstand in der Sklaverei oder die Durststrecke auf dem Weg in das neue Land. Und wie das aussieht, das wissen wir auch nicht. Es soll, so heißt es, Milch und Honig darin fließen. Aber es wird auch Blut und Tränen kosten. Und hinterher werden wir Angst haben, daß man uns dieses Land wieder wegnimmt.

Deshalb redet Mose mit Gott. Und er sagt: Gott, soll ich denn da blind hineintappen, was auf uns zukommt? Laß mich doch deine Pläne wissen, Gott. Zeig uns die Zukunft. Ich möchte Bescheid wissen. Sicher ist es gut, wenn du dabei bist und mitziehst. Ja, ich weiß, das ist gut. Es ist auch gut, wenn wir dich jederzeit anrufen dürfen. Obwohl du weißt, Gott, daß damit die Hilfe auch noch nicht garantiert ist. Damit haben wir ja unsere Erfahrungen, daß man manchmal in den leeren Himmel ruft und das Gefühl hat, von dort kommt nichts. Deshalb will ich mehr. Deine Pläne will ich wissen, Gott. Es geht doch um ganz konkrete Fragen. Ob wir uns mehr links oder mehr rechts halten sollen. Wir müssen doch wissen, was richtig und was falsch ist. Womit wir hereinfallen können. Es ist doch nicht so, daß einfach alles auf uns zukommt. Wir müssen doch selbst handeln, und wir können soviel falsch machen. Und nachher haben wir nicht nur den Schaden, sondern auch noch die Schuld. Du mußt uns Wegzeichen setzen, Gott.

Und, sagt Mose, das reicht mir auch noch nicht. Ich will Gewißheit haben. Gewißheit, daß wir nicht unseren eigenen Ideologien nachjagen, wenn wir uns auf dich verlassen. Zeig dich uns selbst. Laß mich deine Herrlichkeit sehen, dein Gesicht. Ich will sehen, daß es dich gibt. Daß du nicht nur ein Phantom bist, ein Gespinst unserer sehnsüchtigen Wünsche. Ich will wissen, daß es vernünftig ist, auf dich zu setzen. – Sonst laß uns erst gar nicht hinaufziehen. Dann halte lieber die Zeit an, dann laß uns lieber in der Wüste. –

Ich denke, etwas von solchen Wünschen steht hinter den kurzen Andeutungen der alten Erzählung.

Und wieder glaube ich, man kann das gut verstehen. Auch hier möchte einer die Zeit festhalten und Sicherheit haben für das, was auf ihn zukommt. Auch hier steht die Angst vor der Zukunft Pate bei den Wünschen. Wie bei jenem Schulfreund, der nicht älter werden möchte und Angst hat, daß es irgendwann irgendwo in seiner Familie einschlägt, daß ihn das Unglück trifft.

Solche Sorge ist ja nicht unvernünftig. Und es geht uns allen so, daß wir versuchen, den kommenden Tag irgendwie in den Griff zu bekommen. Wir planen, wir schließen Versicherungen ab. Wir versuchen Licht in das Dunkel des übernächsten Tages zu bringen. Jedenfalls soweit das geht.

Zukunftsforscher haben wir erfunden, und da sind wir sicher weiter als Mose.

Und ich denke an solch eine Institution wie den Club von Rom, der seit Jahren versucht, uns anzuzeigen, wie das weitergehen kann, wie das weitergehen wird mit den Rohstoffen in der Welt, mit den Giftstoffen in den Flüssen, welche Veränderungen unseres Lebens nötig wären. Jeder hat solche Zukunftsüberlegungen gehört – und er hat oft sie schnell verdrängt. Mir geht es jedenfalls so, daß ich solche richtigen Gedanken erst mühsam aus irgendeiner Ecke des Verstandes hervorholen muß.

Und ich habe eigentlich empfunden, daß dieser Schulfreund so geredet hat, wie uns das am nächsten liegt.

Das Gute, das wir haben, wollen wir festhalten. Und das, was kommt, darauf anschauen, ob es uns gefährlich wird. Wem es schlechtgeht, der wartet auf gute Tage, das ist klar. Wer aber den halbwegs guten Tag hat, in dem zittert die Sorge um den kommenden. Manchmal so, daß er es gar nicht merkt. Vielleicht ist es so, daß es manchmal nur die anderen merken: Wie einer in seinem Denken immer enger wird. Vielleicht ist es so, daß es damit zusammenhängt, daß er Angst vor dem Neuen hat. Daß er politisch enger wird, aus der Sorge um das, was er hat. Vielleicht merken wir es sogar an uns selber, daß wir weniger frei sind, von morgen etwas zu erwarten, neues Land zu suchen, daß wir vielleicht von der Zeit des Älterwerdens nichts mehr erwarten. Ja mehr, daß einer spürt, ich erwarte auch von den anderen Menschen, die mir in Zukunft begegnen, immer weniger.

Und die Angst steht dabei Pate.

Ich habe beinah den Verdacht, daß das im Augenblick im Trend unserer Zeit liegt, daß wir vieles abblenden. Die Fragen der Zukunft der Welt, des Zusammenlebens der Völker, auch die Frage der Gerechtigkeit für alle Menschen oder die Frage, wie wir die Ordnungen im Kleinen und im Großen verbessern müssen. Wenn man sich einmal selber fragt: Was erwarte ich eigentlich für mich von der Zukunft? Was erwarte ich für die Gesellschaft, in der ich lebe, für die Zukunft, vielleicht auch für meine Kirche? Sehen wir da neues Land? Oder sehen wir im Augenblick nur Inflationsraten? Ich glaube, Angst macht eng.
Und wer eng ist in seinem Denken über die Zukunft, der ist arm, ganz gleich in welchem Wohlstand er lebt.
Dann laß uns lieber gar nicht erst hinaufziehen in das neue Land, sagt Mose, oder zeig uns wenigstens die Planung.

Mose bekommt Antwort von Gott.
Zunächst heißt es ganz trocken: Mose, Pläne gibts nicht zu sehen. Vielleicht bedeutet das sogar, daß es solche Pläne, wie du es dir vorstellst, Mose, gar nicht gibt. Vielleicht bedeutet es, Gott selber ist gespannt, wie er und die Menschen diese Welt hinkriegen. Jedenfalls, Pläne gibt es nicht zu sehen. Und – Gottes Gesicht sehen? Das geht auch nicht.
Ich verstehe das so, daß dem Mose gesagt wird: Du, wer so die Zukunft vorwegnehmen will, daß er einen festgelegten Weg überblickt, der ist eigentlich kein Mensch mehr. Man kann Gott so nicht in die Karten schauen! Wenn du ein freier Mensch sein willst, und das willst du doch wohl sein, dann gehört auch die Unsicherheit und die Angst zu deinem Leben dazu, wie die Freude und die Lust. Dann gehört auch dazu, daß du einen Weg gehen mußt, dessen Risiko du nur teilweise planen kannst.
Kein Mensch lebt, sagt die alte Geschichte, der Gott sieht. Die Unsicherheit geht aus deinem Leben erst weg, wenn du selber aus diesem Leben gehen mußt. Es lebt kein Mensch, der Gott sieht.
Aber, so heißt die Antwort Gottes: Ich will mit dir gehen. Und er sagt Mose: Das ist zwar angesichts deiner Wünsche wenig. Aber du solltest es nicht geringschätzen. Ich werde bei dir sein, und du kannst mit mir reden. Sicher nicht so, daß du genaue Anweisungen empfängst, obwohl es Hilfen gibt und Hinweise. Aber, ob dein Weg

mehr links oder mehr rechts der bessere ist, das muß dir die Verantwortung für die dir anvertrauten Menschen und auch dein gesunder Menschenverstand sagen. Mehr noch. Es wird nicht so sein, Mose, daß du immer das Richtige tust, wenn du dich an mich hältst. Es geht auch nicht immer alles gut. All das garantiere ich nicht.
Aber, wird Mose gesagt, ich ziehe ein Netz unter dir. Das soll dir helfen, daß du weniger Angst hast. Es wird dich halten, wenn dich ein Unglück trifft. Dies Netz hält dich, wenn du bei den Menschen durchfällst oder auch vor der Geschichte.
Darum sage ich dir: Fürchte dich nicht, ich bin bei dir.
Oder vielleicht besser, weil es realistischer ist: Mose, fürchte dich nicht so sehr um dich und um die Menschen, die du liebhast. Für dich und für sie ist das Netz gespannt, das sie hält. Denn wenn einer zu große Angst hat, zittern ihm die Hände, und wie will er dann ruhig handeln? Wenn sich einer zu sehr fürchtet, wird seine Stimme hart, sein Blick ungenau und seine Gefühle eng. Wenn du aber damit zu rechnen versuchst, wird Mose gesagt, daß ich bei dir bin, dann wird in dir eine Gelassenheit wachsen, die dich aus der Enge heraus in einen weiten Raum führt.
Liebe Gemeinde! Ich habe das so zu sagen, wie mir diese Rede Gottes etwas sagt, wie sie mich anspricht. Aber, wir müssen noch einmal nachfragen: Ist so etwas, was dem Mose gesagt wird, ist so etwas erfahrbar? Ist es heute erfahrbar?
Es ist ja die Behauptung der Bibel an vielen Stellen: So ist Gott! Er ist der, der den Menschen freundlich ist. So hat er sich uns in Jesus gezeigt. Wir haben es vorhin im Evangelium gehört von der Blindenheilung. So ist Gott! Er will, daß Menschen geholfen wird. Und die Behauptung der Christenheit ist: Das gilt heute und in Zukunft.
Aber noch einmal: Ist das erfahrbar? Hilft das auch heute? Ich kann mir denken, daß jetzt viele sagen könnten: Ja, so etwas habe ich erlebt. Ich habe erlebt, daß es dieses Netz Gottes gibt, in guten wie in bösen Tagen.
Ich kann mir aber auch denken, daß es viele gibt, die sagen könnten: Also davon merken wir überhaupt nichts, von solch einem Netz. Wie sieht denn das praktisch aus? Wir wissen nur, daß wir die Fehler, die wir machen, meist postwendend heimgezahlt bekommen, und daß wir das, was wir haben, festhalten müssen. Und wir wissen,

daß ein gesundes Mißtrauen gegenüber Nachbarn und anderen Leuten auch ganz nützlich ist. Das Hemd ist uns näher als der Rock. Wir haben auch die Erfahrung gemacht, daß man ganz schön hereinfallen kann, wenn man anderen Menschen und Ideen zu offen gegenüber ist.

Und ich glaube, solche Erfahrungen sind ja nicht einfach von der Hand zu weisen. Aber ich muß noch einmal sagen: Das, was dem Mose und ja wohl auch uns zugemutet wird, ist keine Aufforderung zum blinden Zutappen. Die Augen schließen und blind glauben, das ist hier nicht gemeint. Und die notwendige Zukunftsvorsorge und auch die Vorsicht gegenüber Menschen und Meinungen, natürlich ist das nötig.

Aber es ist die Frage: Was prägt mich eigentlich? Die Angst, mich zu verlieren, etwas zu verlieren? Oder die vorsichtige Erwartung: Es könnte dir Gott in diesem Menschen begegnen. Es könnte trotz eines schweren Erlebnisses Gottes guter Weg mit dir sein. Auch wenn du das nicht siehst.

Damit ist keine Risikoversicherung gemeint, jeder merkt das, die man anwendet, und von da ab lebt sichs unbeschwert und besser. Hier ist ein Angebot, das heißt: Versucht doch einmal, mit einer neuen Erwartung dem, was kommt, entgegenzutreten.

Aber noch einmal: Wie könnte solch ein Netz Gottes, das mich frei machen soll für eine solche offenere Erwartung, wie könnte solch ein Netz Gottes praktisch aussehen? Besteht es nur in der Behauptung: Es gibt das?

In unserer alten Erzählung habe ich einen Hinweis gehört: Da steht ja am Schluß diese seltsame Sache, daß Gott an Mose vorübergehen will, und das scheint lebensgefährlich zu sein. Gott muß seine Hand über ihn halten. Aber dann heißt es, Mose darf hinter Gott hersehen.

Dies ist eine alte Vorstellung von Gott, die ich so gar nicht wörtlich nehmen kann. Obwohl die Erzähler sich das sicher damals so vorgestellt haben. Was aber vielen Christen dabei immer wieder eingefallen ist, wenn sie das gelesen haben, heißt:

Man kann Gott nur zu sehen versuchen, indem man ihm nachblickt. Dem Mose und uns gesagt, würde das heißen: Wenn ihr jetzt etwas tut in eurem Alltag, dann ist das so, als ob es Gott nicht gäbe. Ihr könnt nur darauf vertrauen, daß es sein Netz gibt. Du kannst dich ja nicht, während du etwas tun mußt, neben die Welt stellen und sagen: Mal sehen, wie Gott das so macht. Mal sehen, ob er mir hilft. Wenn ich etwas tun muß, sehe ich nur mein eigenes Tun, das Tun anderer Menschen. Ich sehe vielleicht nur, daß natürliche Kräfte wirksam sind und gesellschaftliche. – Aber von Gott sehe ich zunächst nichts.

Aber darauf kann uns nun die alte Erzählung hinweisen. Du kannst hinter Gott herschauen! Schau auf die vergangenen Ereignisse. Aber tu das so, daß du fragst: Wo gab es da, in dem, was hinter mir liegt, wo gab es da etwas zum Staunen? Oder wo gab es etwas zum Danken? Wo könnte ich noch nachträglich ganz spontan sagen: Gott sei Dank, daß es so und nicht anders gelaufen ist. Also, daß ich z. B. hinschaue: Wo ist etwas für die größere Gerechtigkeit unter Menschen gelungen, etwas gegen den Hunger? Oder auch persönlicher: Wo bin ich selbst freundlicher geleitet worden, als ich es verdient hätte? Wo bin ich hereingefallen und doch nicht durchgefallen? Wo bin ich vielleicht durchgefallen, und es gibt doch Menschen, die mich anerkennen? Wo habe ich lachen können, obwohl die Tage sehr schwer waren?

Wenn wir bei solcher Rückschau Menschen sehen, die uns beigestanden sind, oder auch solche, die uns im Geist Jesu zurechtgewiesen haben, das kann ja auch nötig sein, oder auch solche, die uns auf neue Gedanken brachten – wenn wir Ereignisse sehen, die uns geholfen haben in diesem Rückblick –, dann sehen wir etwas von den Maschen des Netzes, das Gott unter uns spannt. Die Zusage Gottes in dieser Erzählung heißt:

So wird es dir auch in Zukunft gehen. Laß dich nicht von der Angst prägen. Du kommst nicht zu kurz. Du bist auch nicht allein. Du darfst wieder offener sein im persönlichen Bereich. Du darfst von kommenden Tagen und den Menschen morgen wieder etwas erwarten und mit ihnen Neues wagen. Du kannst auch wieder politisch offener sein für die Probleme unseres Landes und der Völker in der Welt. Du darfst in deiner Hoffnung viel weiter greifen, als die Angst dir erlaubt.

Siehe, ich will mit dir ziehen, so spricht der Herr.

In jener Nacht
Hermann Otto Geißler

(Daniel 5)

(Keine Textverlesung vor der Predigt)
Es gibt Geschichten, die sind wie Brunnen, aus denen schon seit Jahrtausenden Wasser geschöpft wird. Eine solche Geschichte habe ich Ihnen heute zu erzählen. Bestimmt ist sie Ihnen schon bekannt. Aber noch einmal gilt hier das Gleichnis vom Brunnen. Es lohnt sich, den Weg immer wieder zu gehen, eben weil er Wasser spendet.
Eine dunkle, sternlose Nacht senkt sich auf die alte Königsstadt am Euphrat. Vom Fluß herauf steigt ein Nebel, der zuerst die dürftigen Hütten hinter dem niedrigen Deich erreicht. Lautlos wie Schatten kann man hier und da noch einen Menschen vorüberhuschen sehen. Aus einigen Hütten dringt flackernder Lichtschein. Doch bald ist die letzte Lampe erloschen, und es kehrt Ruhe ein in der Vorstadt der Armen und Sklaven. Hier freut man sich über den Einbruch der Nacht; denn er bringt Freiheit von Fron. Mag die Nacht dauern und die Ankunft des Tages lange zögern. Das Erwachen bringt nur zurück zur Knechtschaft, zur Demütigung, zur Hoffnungslosigkeit. Im Schlaf ist man frei. Da kann man träumen: von den fernen Bergen Judas, vom Jordan und von Jerusalem, das in Trümmer gesunken ist unter der Zerstörungswut der Eroberer. Wer nicht träumt von glücklichen Zeiten in Freiheit, der kann doch schlafen, tief und traumlos, den Schlaf der Übermüdeten.
Der Schlaf und die Träume der Schläfer werden nicht gestört durch die fröhlichen Geräusche, die ein wenig landeinwärts über die Mauern des Königspalastes dringen. Durch den Zaun, den die gleichmäßigen Schritte der Wächter ziehen, läßt sich die Freude des Festes vernehmen: der Klang der Musik, die fröhlichen Stimmen, das Händeklatschen und der Takt der Füße der Mädchen, die den König und die, denen er seine Gunst schenkt, durch ihren Tanz erfreuen.
Das sind zwei Welten in der einen Nacht, räumlich nicht weit voneinander entfernt und doch geschieden, ganz und gar: der Schlaf derer, die keine Hoffnung haben, sie sich allenfalls erträumen, und das Wachen der Fröhlichen, die keine Hoffnung brauchen, denen die Gegenwart genug ist, wenn sie nur bleibt.

Wen wundert's, daß es da in Königspalästen nur das eine gibt: immer mehr in die Gegenwart hineinstopfen an Genuß und Vergnügen; sich klammern an das dahineilende Tageslicht und den Tag in die Nacht hinein verlängern, solange es geht; immer erfinderischer werden im Ersinnen von Erheiterungen und immer raffiniertere Techniken entwickeln zur Befriedigung des Lebenshungers? So sucht man denn auch an diesem Abend nach dem Außergewöhnlichen. Wo man schon so satt ist, muß man das Entlegene, Fremdartige, Unbekannte herbeizerren: Dinge aus fernen Ländern z. B., die man bestaunen oder auch belachen kann. Da kann man nicht danach fragen, was diese Dinge jenen Menschen, die sie schufen, bedeutet haben, Fluch oder Segen, Heiliges oder Abscheuliches. Da kommt's nur drauf an, daß sie helfen, die Nerven oder die Lachmuskeln zu reizen, damit die Leere der Sattheit ein wenig verdeckt wird. So kommt's, daß die Diener an diesem Abend aus der Schatzkammer die Geräte aus Jerusalem holen müssen. Der Vater des Königs hatte sie mitgebracht, als er das widerspenstige Völkchen am Rande seines großen Reiches zerschlug. Aber nicht zur Erinnerung an den Kampf und Sieg der Väter, an ihren Einsatz und Mut, sondern aus Übermut werden heute die Tempelgeräte geholt: um die Langeweile zu töten, um die Nacht zu vertreiben, die trotz der vielen Lichter durch alle Ritzen hereinkriecht.
Sie werden gebracht, die goldenen und silbernen Geräte, die exotischen Stücke aus dem fernen Jerusalem, getragen vielleicht sogar von jüdischen Sklaven. Aber was soll man nun mit den Kostbarkeiten? Steigern sie das Lebensgefühl dadurch, daß man sie betrachten kann? Füllen sie die Leere des eigenen Lebens, bloß weil man solches besitzt, ob selbst erworben oder ererbt?
Nein – dabei kann's sein Bewenden nicht haben. Der König läßt sich die Gefäße reichen, mit Wein füllen, trinkt und gibt sie weiter an die, die ihm zujubeln. Indem er so tut, demütigt er noch einmal die Unterworfenen, noch einmal wie einst sein Vater als Sieger. Nur – diese Demütigung ist drückender, weil sie nicht der Mut, sondern der Übermut hervorruft, überschäumender Mutwillen, der wie gärender Wein alles besudelt. Die Übermüdeten in der Vorstadt spüren nicht den Spott der Übermütigen. Und doch ist es ihre zweite Niederlage. Auf den König fällt der Glanz seiner Vorgänger, indem er den Gott verspottet, dem diese Geräte geweiht waren. Wer

will's ihm bestreiten? Besiegte, Unterlegene, Hoffnungslose haben keinen Gott, jedenfalls keinen, den man scheuen muß.
Kann man den König Belsazar schelten? So ist es immer gewesen, von Belsazar an und vor ihm bis Hitler und heute. Den Gott der Unglücklichen braucht man nicht zu scheuen, und sie selber, die Unterlegenen, kann man ungestraft demütigen. Wer selber satt ist und keine Hoffnung braucht, der kann gut spotten über den, der keine Hoffnung hat.
So ist es immer gewesen. Muß es so bleiben? Gewiß nicht! Was wir abstellen können, wollen wir tun. In unserer Zeit, in der Zeit unserer Kinder und Enkel soll das anders werden: da sollen die Schwachen ihr Recht und auch die Unterlegenen ihre Achtung haben.
Aber haben so nicht auch jene in der Vorstadt gehofft? Vielleicht haben sie geträumt an diesem Abend von den Worten ihrer Propheten, die Frieden, Gerechtigkeit und Freiheit verheißen hatten. Vielleicht haben sie sogar daran gedacht, sich selbst zu helfen – mit Gewalt. Aber natürlich war das sinnlos bei der Übermacht ihrer Herren.
Und doch haben sie ihre Fesseln gesprengt, ihre Hoffnungslosigkeit aufgebrochen. Ihren Kindern und bis zu uns haben sie weniger ihre Not und ihre Demütigung geklagt, als vielmehr das andere berichtet: daß in jener Nacht der Übermüdeten und Übermütigen an der Wand des Königs eine Schrift stand, die keiner entziffern konnte, keiner der Gelehrten und Weisen des ganzen Königreiches. Nur einer konnte sie lesen und deuten, einer, der zu ihnen gehörte, der ihren Gott kannte, den Gott der Unterlegenen, der Mühseligen, der Verachteten. Daniel konnte die Schrift lesen, und der sagte dem König ihre Bedeutung an: Mene tekel uparsin, gezählt – gewogen – zerteilt. Dein Königtum ist gezählt und beendet. Du bist gewogen und zu leicht befunden. Dein Reich ist zerteilt und anderen gegeben.
Ist es ein Wunschtraum, eine Illusion, ein Märchen? Oder ist es Wahrheit, Spiegel der Wirklichkeit – damals, heute, immer?
Die Geschichte endet mit der Notiz, daß Belsazar in der gleichen Nacht getötet wurde. Brauchen wir noch den Hinweis? Wer keine Hoffnung kennt, der hat keine Zukunft, der ist schon so gut wie tot. Wer nichts anderes wünscht, als daß seine Gegenwart bleibt, der weiß nicht, was Hoffnung ist. Und wer die Hoffnungslosen ver-

achtet, demütigt oder übersieht, der ahnt nicht, was Leben ist. Da gibt es keine Zukunft: da gibt es nichts, was das Leben lebenswert macht und ihm Gewicht verleiht. Wer so lebt, der kann gleich sterben in seiner leeren Sattheit und seinem hoffnungslosen Glück. Das gilt von Königen und Knechten, von Nationen wie von Personen, vielleicht auch von uns.

Das mene tekel ist für uns alle geschrieben. Wir kennen's in anderem Bilde, deutlicher. Es ist der geplagte, hoffnungslose Mensch am Kreuz. Der Gott auf seiten der Hoffnungslosen und Unterlegenen. Der rüttelt uns auf in unserem Glück und hält uns zurück vor dem Übermut derer, die keine Hoffnung brauchen. Er ist das Gewicht, das die Waage bestimmt. Wird unser Leben standhalten? Bringen wir die Last der Hoffnungslosen, die Last derer, die Hoffnung brauchen, mit auf die Waage, oder stehen wir da allein?

Sind wir schon ausgezählt und haben selbst das Handtuch bereits geworfen, weil wir nichts anderes kennen als unser Glück und die Dauer unserer Gegenwart?

Gewogen – gezählt – zerteilt. Das ist nicht nur den Belsazars zur Warnung geschrieben, sondern vor allem den Hoffnungslosen zugedacht. Gott zerteilt die Mächte und Mauern, schafft Lücken, durch die die Zukunft herein- und die Hoffnung hinausblicken kann: hinaus aus dem engen Raum, in dem kein anderes Gesetz zu gelten scheint als das alte: Selig die Reichen, glücklich die Fröhlichen, beneidenswert, wer sich an der Gegenwart freuen kann, so daß er keine Hoffnung braucht!

Gezählt – gewogen – zerteilt!

Sie war nicht nur die Mutter Jesu
Kurt Marti

(Markus 3,20 f.)

«Als er zurückkam, strömte die Volksmenge wieder zusammen, so daß sie nicht einmal zum Essen kamen. Als das seine Angehörigen erfuhren ...« sagte Maria: Dabei ist er früher so ordentlich, so vernünftig gewesen. Und Jakobus, ihr Zweitältester, sagte: Aber so mußte es kommen. Immer hast du ihn verwöhnt und bevorzugt. Und Simon, der Drittälteste: Und hast nicht gemerkt, wie wir darunter gelitten haben, immer hat Jesus mehr gegolten als wir. Und der Viertälteste, Judas, meinte: Und ohne Bewilligung hält er jetzt Versammlungen ab, das kommt nicht gut. Und eine der Schwestern klagte: Uns alle bringt er in Verruf. Kein anständiger Bursche wird mich noch heiraten wollen.

Die Mutter war bekümmert über die Vorwürfe, am meisten aber über das Aufsehen, das ihr Ältester in den Dörfern und Städten der Umgebung erregte. So etwas gehörte sich wirklich nicht für kleine, bescheidene Handwerkersleute.

Ja, sagte sie, es ist meine Schuld, er war mein Liebling, ich gebe es zu, ich hätte ihn wohl nicht so bevorzugen dürfen. Aber der Besuch der Hirten damals, die Männer aus dem Morgenland mit, ihren schönen Worten und Geschenken – ihr wißt ja –, das alles ging mir nie aus dem Sinn.

Jakobus winkte lässig ab: Hast es schon hundertmal erzählt – und vorher der Engel, der dir erschien: lauter Zeichen und Wunder! Nachher, bei uns, ging dann eben alles gewöhnlich zu. Das ist es ja: Wir waren dir gewöhnliche Kinder – er nicht.

Und Judas, altklug wie stets, stellte fest: Träume, Halluzinationen – häufig bei Frauen, die erstmals gebären. Bei euch kam die mühsame Reise hinzu, die Niederkunft im wildfremden Bethlehem. Psychologisch verständlich, nur muß man so etwas auch wieder überwinden können.

Rat- und wortlos zog sich Maria in ihren kleinen Schlafraum zurück, während die Söhne, die Töchter weiter berieten, was zu tun sei. Da sich alle um den guten Ruf der Familie sorgten, waren sie bald einig. Die Brüder sollten gemeinsam zum Rechten sehen, d. h. ihren ältesten Bruder nach Hause holen – »wenn nötig mit Gewalt!« rief Simon. Die anderen nickten entschlossen. Am liebsten wären auch die Schwestern mitgezogen, schon aus Neugier. Doch entschieden die Brüder: Das ist Männersache, Frauen gehören ins Haus.

So »zogen sie aus, um ihn mit Gewalt heimzuholen. Denn sie sagten: ›Er ist von Sinnen‹.«

Maria, als sie nachher von den Töchtern hörte, in welcher Absicht ihre Söhne weggegangen waren, erschrak. Sie konnte nicht anders als heftig, sehr heftig wünschen, daß das Unternehmen mißlinge. Sie drückte sogar ihren Daumen für Jesus, obgleich sie wußte, daß sie damit schon wieder Partei ergriffen hatte. Doch sie konnte nicht anders und versuchte dafür, besonders nett zu ihren Töchtern zu sein. Freundlich besänftigte sie die Jüngste, die ziemlich aufgebracht war, weil die Brüder so barsch entschieden hatten, Frauen hätten im Haus zu bleiben. Müssen wir uns das ewig gefallen lassen, schimpfte sie, denen werd' ich's einmal noch zeigen!

Es ging schon gegen Abend, als die Söhne nach Hause kamen, einsilbig, kleinlaut – und ohne Jesus. Marias Herz hüpfte vor Freude, fast wie damals, als ihr der Engel erschienen war, um Jesu Geburt anzuzeigen. Sogleich schämte sie sich aber: Ist das normal, wenn eine Mutter sich darüber freut, daß ein Sohn nicht mehr nach Hause zurückkommt? Sie war über sich selber verwirrt.

Langsam rückten die Söhne, von der Neugier ihrer Schwestern bedrängt, mit der Sprache heraus.

Ja, sie hatten Jesus gefunden. Das mit den vielen Leuten stimmte auch. Ja, sie hatten sich bis zu ihm durchgedrängt, durchgeboxt. Ja, sie hatten ihn aufgefordert, die Versammlung abzubrechen, nach Hause zu kommen.

Und? Und? fragten die Schwestern ungeduldug.

Was und? sagte Jakobus unwirsch, nichts »und«! Wir sind einfach zu wenige gewesen. Plötzlich haben Männer und Frauen eine Art Kreis um ihn herum gebildet, eine Leibwache beinahe, ein Dutzend oder mehr.

Und Jesus? fragte Maria.

Der? Der hat die Achseln gezuckt, hat lächelnd auf die Männer, die Frauen gezeigt und gesagt: Da seht! Das sind meine Freunde, das ist meine neue Familie.

Maria gab's einen Stich durchs Herz: Seine neue Familie? Hatte Jesus sich damit von der alten Familie losgesagt?

Die jüngste Schwester frohlockte: Ätsch, da seht ihr's nun, auch Frauen sind dabei!

Ja, ein Skandal, sagte Simon grimmig. Männer und Frauen ziehen mit Jesus im Land umher, nennen sich Jünger, Jüngerinnen, haben Beruf und Familie im Stich gelassen.

Und Judas doppelte nach: Mehr als ein Skandal – Aufruhr, Unmoral, Kommune ist das! Ihr werdet sehen, das endet böse.

Ach was, maulte die jüngste Schwester, er ist eben nicht so altmodisch wie ihr! Am liebsten ginge ich ebenfalls zu ihm, mit ihm. Vielleicht werde ich's eines Tages auch tun, wer weiß.
Maria schwieg, dachte nach, hin und her gerissen zwischen Freude und Schmerz. Sie hatte sich alles anders vorgestellt. Und wollte Jesus tatsächlich nichts mehr wissen von ihr, von seinen Geschwistern?
Später, als sie wieder allein war, kam ihr der Gedanke: Vielleicht ist das jetzt wie eine zweite Geburt, eine zweite Abnabelung sozusagen.
Um vor dem Schlafen noch frische Luft zu schnappen, trat sie hinaus in die Nacht, spazierte auf einen kleinen Hügel hinter dem Dorf. Dort schlief eine Herde von Schafen, doch von den Hirten war nichts zu sehen. Sie lächelte: So muß es in Bethlehem gewesen sein, als die Hirten ihre Herden im Stich gelassen haben. Wer weiß, ob die Hirten *hier* nicht auch zu ihm gegangen sind?
Sie schaute nach Osten, Richtung Kapernaum. Der Himmel war klar, voller Sterne. Einer von ihnen leuchtete besonders hell. Vielleicht, dachte sie, steht er genau über jenem Haus, wo Jesus jetzt ist. Er, den sie geboren hat, der jetzt wiedergeboren ist und neue Worte redet, neue Dinge tut, so daß man fast denken könnte, er sei von Sinnen.
Er wird es schwer haben, dachte sie.
Und dennoch war sie stolz darauf, daß nicht mehr Zeichen und Wunder, Engel und Stern die Leute zu Jesus führten, sondern daß es seine eigenen Worte, seine eigenen Taten waren, die die Menschen anzogen und bewegten. Heftig packte sie die Lust, sich morgen ebenfalls nach Kapernaum aufzumachen, um ihn zu sehen, zu hören.
Auf dem Rückweg wurde ihr allerdings klar, wie verkehrt gerade das sein müßte. Waren ihre andern Kinder nicht tatsächlich zu kurz gekommen bisher? Auch sie sollten, jetzt erst recht, spüren dürfen, daß sie geliebt, bejaht waren von Gott – und so auch von ihrer Mutter.
Nein, sie wird nicht nach Kapernaum gehen. Ihr Platz ist hier, bei ihren anderen Kindern.

(Weihnachtspredigt)

Jesus macht einen Menschen glücklich
Heinz-Dieter Knigge

(Lukas 19,1–10)

(Biblische Bild–Wort-Erzählung für Kinder)
Vorbemerkung:
Diese Kinderpredigt folgt den Illustrationen der Geschichte durch den holländischen Maler Kees de Kort, die in der BRD in der Reihe »Was uns die Bibel erzählt« (Württembergische Bibelanstalt Stuttgart, 1968) mit dem Titel »Zachäus« erschienen ist. Bei dem Vortrag der folgenden Erzählung wurden die Zeichnungen von de Korts als Dias gezeigt (Bijbels Palet, Stichting Docete, Hilversum/Holland). Die Erzählung nimmt die durch die Diaserie vorgegebene Szenenfolge auf und erweitert den für geistig behinderte Kinder geschriebenen Text des Buches beträchtlich. Beim Erzählen wurde reichlich Zeit zum Betrachten der Bilder gelassen.

1. Bild
Dies ist die Geschichte von einem Mann,
der Zachäus hieß.
Zachäus wohnte in einer Stadt.
Die Stadt hieß Jericho.
Jericho lag in Palästina.
Leute kommen und bringen Sachen in die Stadt.
Sie wollen sie verkaufen.
Sie müssen Zachäus Geld geben.
Sonst dürfen sie mit ihren Waren nicht in die Stadt.
So sitzt Zachäus am Stadttor
und verlangt Geld von den Leuten.
Manchmal ist es zuviel Geld.
Denn Zachäus hat Angst:
Er hat selbst viel Geld dafür bezahlen müssen,
daß er am Stadttor sitzen darf.
Er möchte sein Geld wieder hereinbekommen.
Er möchte hinzuverdienen.
Darum nimmt er oft mehr Geld, als er darf.
Die Leute sehen ihn finster an.
Sie bezahlen nicht gern. Sie sagen: Zachäus ist böse.
Sie sagen: Zachäus nimmt uns zuviel Geld ab.
Sie sagen: Zachäus ist ein Betrüger.

2. Bild

Jesus kommt in die Stadt Jericho.
Er geht durch die Straßen.
Die Leute bleiben stehen.
Sie sehen aus dem Fenster.
Sie gucken aus der Tür.
Sie laufen Jesus nach.
Sie sagen zueinander:
»Das ist der berühmte Jesus.
Er weiß soviel über Gott,
den wir nicht sehen können.«
Die Leute sind neugierig.
Was wird Jesus sagen?
Was wird Jesus tun?

3. Bild

Zachäus hört: Jesus ist in der Stadt.
Zachäus, der böse Geldeinnehmer vom Stadttor,
möchte Jesus sehen.
Aber zu viele Menschen sind schon da.
Sie stehen um Jesus herum.
Zachäus ist zu klein.
Er kann Jesus nicht sehen.
Die Leute lassen ihn nicht nach vorn.
Zachäus kann Jesus nicht hören.
Die Leute sind böse auf Zachäus.

4. Bild

Zachäus fällt etwas ein.
Er hat eine gute Idee:
In der Nähe steht ein Baum.
»Wenn ich da hinaufkletterte ...
Die Äste sind niedrig.
Ein guter Kletterbaum«, denkt Zachäus.
»Vielleicht schaffe ich es.
Als ich ein Junge war,
habe ich oft solche Bäume erklettert.
Ob ich das auch heute noch kann?

Man verlernt vieles, wenn man älter wird.
Ich will es versuchen.«
Zachäus läuft zu dem Baum.
Er hat es sehr eilig.

5. *Bild*
Es ist ziemlich schwer, hinaufzukommen.
»Wenn ich doch noch ein Junge wäre!
Jetzt hänge ich hier wie ein Plumpsack.
Hoffentlich verliere ich meine Tasche nicht.
Noch ein Klimmzug, dann habe ich es geschafft.
Dann bin ich in der Astgabel.
Dann habe ich einen guten Platz.
Dann kann ich Jesus sehen,
wenn er vorübergeht.
Die Leute aus Jericho hätten mich doch nie nach vorn gelassen.
Die machen immer einen großen Bogen,
wenn sie mich sehen.
Sie gehen mir aus dem Weg.
Sie wollen mir nicht begegnen.
Ich kassiere ihr Geld.
Manchmal ist es wirklich zuviel Geld.
Das ist schon wahr.«

6. *Bild*
Da kommen die Leute.
Voran geht Jesus.
»Was macht der Zachäus,
der böse, kleine Mensch, da im Baum?«
Das denken die Leute aus Jericho.
Jesus sieht Zachäus.
Er bleibt stehen.
Er blickt Zachäus an.
Er sagt: »Zachäus, steig herab!
Zu dir bin ich gekommen.
In deinem Haus möchte ich wohnen.
Mit dir zusammen will ich essen.«
Zachäus wundert sich.

Er denkt: »Ich habe mich verhört!«
Ungläubig sieht er Jesus an.
»Zu mir ist Jesus gekommen?«

7. Bild
Doch dann steigt Zachäus vom Baum.
Das geht schnell – wie früher,
als Zachäus noch ein Junge war.
Aber er kann es noch nicht verstehen.
»Alle Menschen gehen mir aus dem Weg –
und Jesus will in meinem Haus wohnen?
Ob Jesus nicht weiß, wer ich bin?«

8. Bild
Jesus kommt zu Zachäus ins Haus.
Die Leute aus Jericho trauen ihren Augen nicht.
Sie haben Jesus verlassen.
Nur zwei Leute folgen ihm noch.
Das sind Leute, die auch Geld einziehen
an den anderen Toren der Stadt –
Leute wie Zachäus.

9. Bild
Jesus sitzt am Tisch.
Er hat mit Zachäus gegessen und getrunken.
Zachäus freut sich.
Zachäus ist glücklich.
Niemand mochte ihn leiden.
Alle gingen ihm aus dem Weg.
Doch Jesus hat ihn gern.
Zachäus ist nicht mehr allein.

10. Bild
Die Leute aus Jericho wollen es nicht glauben:
Jesus ist zu Zachäus ins Haus gegangen!
Er ißt, er trinkt mit ihm.
»Das ist unerhört.«
»Jesus hätte zu einem von uns kommen sollen!«

»Jesus hätte bei einem von uns wohnen sollen!«
Die Leute schimpfen.
Die Leute sind zornig.
»Das ist ungerecht!«
»Warum geht Jesus zu dem bösen Zachäus?«

11. Bild
Zachäus aber ist glücklich.
Zachäus freut sich.
»Endlich ein Mensch, der mich mag!«
Zachäus überlegt.
Zachäus denkt nach.
»Es ist nicht richtig, daß ich den Leuten
zuviel Geld abnehme!«
Zachäus faßt einen Entschluß.
Er holt seine Geldtasche.
Er sagt zu Jesus:
»Herr, die Hälfte von dem Geld
will ich armen Menschen geben.
Wem ich zuviel abgenommen habe,
draußen am Tor, dem gebe ich es zurück.«
Die beiden anderen Geldeinnehmer wundern sich.
Was ist mit Zachäus los?
Warum will er von seinem Geld verschenken?
Jesus freut sich über Zachäus.

12. Bild
Jesus sagt zu Zachäus:
»Jetzt ist alles gut geworden.
Jetzt freut Gott sich über dich!
Du kannst ein neues Leben anfangen.«
Jesus sagt zu jedem, der es hören will:
»Gott hat mich zu den einsamen,
zu den verachteten Menschen geschickt.
Ich will ihnen helfen.
Ich will sie retten.
Sie sollen sich freuen und glücklich sein.
Denn das will Gott.«

Doch die Leute von Jericho hörten das nicht gern.
Sie ärgerten sich über Jesus,
weil er gut war zu einem bösen Menschen
und ihm half, glücklich zu werden.

Das ist die Geschichte von Zachäus, die in der Bibel steht. Ein Maler aus Holland hat die Bilder gemalt, die wir gesehen haben. Er wollte, daß auch Kinder es verstehen, wie Jesus einen Menschen glücklich gemacht hat.

Sonst ist mir eigentlich nichts Besonderes aufgefallen
Klaus von Mering

Die Geschichte, die ich Ihnen heute erzählen möchte, ist frei erfunden. Trotzdem wäre eine Ähnlichkeit mit noch lebenden oder bereits verstorbenen Personen nicht rein zufällig, im Gegenteil, sie ist die eigentliche Absicht der Erzählung. Die Geschichte erzählt von einem Mann, der ... aber lassen wir ihn lieber selbst berichten: Mein Name tut nichts zur Sache. Ich meine das, wie ich's sage: Er fügt dem Ganzen nichts hinzu, die Sache spricht für sich selbst. Aber er ist auch insofern unwichtig, weil ich keine Person von Rang und Namen bin. Nicht, daß ich mich verstecken müßte – Sie wissen schon, wie jene Leute, die sich mit ihrer Sekretärin als Ehepaar Schmidt ins Hotelbuch eintragen. Nein, so einer bin ich nicht, auf mich zeigt keiner mit dem Finger. In meinem Viertel bin ich geachtet, die Leute mögen mich, keiner weiß etwas Nachteiliges von mir zu sagen. Ich führe meine Aufträge ordnungsgemäß und pünktlich aus, ich schreibe eine angemessene Rechnung, bin auch nicht kleinlich, wenn sie mal zwei Monate unbezahlt bleibt. Aber das Entscheidende ist wohl: Ich kümmere mich nicht um Sachen, die mich nichts angehen. Z. B. neulich: Da kommt der – na, der Name tut ja nichts zur Sache – ganz aufgeregt ist er. Er braucht dringend eine Leiter,

heute abend noch. Und mindestens 8,50 Meter muß sie lang sein. Ich sage, das täte mir leid, aber im Augenblick hätte ich nur ein paar kurze da, die langen wollte ich erst nächste Woche wieder anfangen, wenn das neue Holz kommt. So lange könnte er aber nicht warten, sagt er und wird immer aufgeregter, es müßte heute sein, spätestens heute abend. Schließlich hab ich ihm zwei kurze zusammengeflickt. Sah nicht besonders schön aus, und ich hab ihm auch gesagt, daß er sie nicht zu sehr belasten dürfte. Aber er ist ganz glücklich abgezogen, hat sogar darauf bestanden, sofort zu bezahlen. Ja – und wozu er unbedingt bis zum Abend eine 8,50-Leiter brauchte, weiß ich bis heute nicht, will ich auch nicht wissen. Geht mich doch gar nichts an. Deshalb schätzen mich ja die Leute, weil ich meine Nase nicht in Dinge stecke, die mich nichts angehen.
Vorgestern hab ich sogar einen Auftrag von der Behörde bekommen – jetzt kann ich's ja erzählen, wo alles sowieso bekannt ist. D. h. erst kam einer in meine Werkstatt und fragte so ganz nebenbei, ob ich ein paar gute fertig geschnittene Dachbalken liegen hätte. Ich zeigte sie ihm, und er war offenbar zufrieden. Denn er zog einen Brief aus der Tasche, gab mir den und sagte, das sei eine dringende Sache, aber streng geheim. Ich riß den Umschlag auf, es war ein Auftrag über drei Kreuze, 3,50 hoch, plus das Stück, um das sie eingegraben werden. Ich fragte nicht, wozu sie die brauchten, obwohl ich mir schon was gedacht habe. Aber es hätten auch Wegweiser werden können oder die Pfeiler für ein Kundgebungspodest, was weiß ich. Aber wie gesagt, ich frage nicht, schließlich bin ich ziemlich sicher, daß ich den Auftrag nur gekriegt habe, weil man das von mir weiß: Der stellt keine unnötigen Fragen. Nur nach der Beschaffenheit des Bodens habe ich gefragt. Ich mußte ja schließlich wissen, wie tief die Dinger eingegraben werden müssen. Er lacht und sagt, das wüßte er auch nicht, es wäre draußen vor der Stadt auf dem Hügel, ich könnt' mir's ja ansehen. Aber er könnte sich denken, daß der Boden da nicht zu fest wäre, schließlich hätten sie da schon oft gebuddelt. Ich sollte also lieber 50 cm mehr rechnen, wenn sie dafür nachher etwas höher stünden, schadete es auch nichts.
Gut, sag' ich, das geht in Ordnung, aber noch eins: Wie groß ist die Belastung? Ich sehe, wie er die Stirn kraus zieht, und füge schnell hinzu: Ich meine, wo liegt der Schwerpunkt. Es ist schließ-

lich ein Unterschied, ob Sie nachher ein Schild drannageln wollen oder ob man einen wilden Ochsen dranbindet.
Jetzt lacht er wieder. Nein, darüber brauchte ich mir keine Gedanken zu machen, das mit dem Ochsen wäre ein guter Witz, er lacht lange und laut. Das müsse er unbedingt im Büro erzählen. Dann wird er wieder ernst. Wenn er's so recht überlege – er redet eigentlich mehr zu sich selbst –, dann sei der eine von den dreien etwas schmächtiger als die andern. Der brächte sicher kaum mehr als 120 Pfund auf die Waage, wenn's überhaupt noch soviel wären.
Ich tat so, als hätte ich nicht verstanden, daß die Kreuze offenbar zum Aufhängen gebraucht wurden. Ging mich schließlich auch nichts an. Wenn die Behörden diese Leute verurteilt hatten, würde es schon seine Richtigkeit haben. Von mir verlangte man nur anständige Arbeit, und die sollten sie bekommen. Ob Wegweiser, Kanzel oder Kreuz, was macht's für einen Unterschied. Solange jeder seine Pflicht tut, hat alles seine Ordnung.
Und dann schärfte mir der Mann noch mal ein, die Sache sei streng geheim, schließlich sei der Prozeß noch nicht abgeschlossen. Ich fragte mich zwar einen Augenblick, wieso sie dann schon die Kreuze bestellten, wenn noch gar nicht klar war, ob die Leute überhaupt verurteilt würden. Aber schließlich war das schon wer, denn sonst hätten sie ihn ja nicht zu mir geschickt. Und schließlich werden solche Sachen ordnungsgemäß geprüft, dafür gibt es ja Fachleute. Ich bin nun mal nicht für die Juristerei zuständig oder gar für die Politik. Ich bin Zimmermann, und davon versteh' ich was.
Gestern abend kamen sie dann, um die Dinger abzuholen. Drei Mann hatten sie geschickt, ganz zu schweigen von dem Ochsenkarren, den sie vorn auf der Straße stehen hatten. Dann trugen sie sie eins nach dem andern hinaus, immer zu dritt, schließlich waren die Balken aus gutem schwerem Bauholz.
Wie dann dieser schmächtige, ausgemergelte Typ, der da heute morgen mitten zwischen den Soldaten unter meinem Fenster vorbeizog, das geschafft hat, sein Kreuz allein zu tragen, versteh ich beim besten Willen nicht. Ich meine, sicher, ich packe auch mein Teil weg; wenn's sein muß, kann ich schon die Zähne zusammenbeißen. Aber so ein Kreuz, wo gestern drei starke Männer drunter zum Schwitzen kamen, und noch dazu ein Kreuz, an das man selbst gehenkt werden soll – ich weiß nicht, wie einer dazu die Kraft findet.

Sonst ist mir eigentlich nichts Besonderes aufgefallen. Die Leute, die hier und da an der Straße standen, schienen den Mann nicht zu kennen. Und die Soldaten benahmen sich sehr korrekt, das muß ich sagen. Keine Mißhandlungen oder so, und wenn der Mann mit dem Kreuz mal in den Knien weich wurde und stürzte, dann gab der Hauptmann einen kurzen Befehl, und der Trupp machte ›Stillgestanden‹, bis der Kerl wieder auf die Beine kam.
Merkwürdig war, daß keiner vorwegzog mit dem üblichen Transparent, wo drauf steht, warum der Mann gehenkt wird. Das machen sie sonst immer. Na, vielleicht ist das in diesem Fall allgemein bekannt, und ich hab's nur nicht mitbekommen, weil ich soviel zu arbeiten hatte. Trotzdem wurde das Ganze dadurch irgendwie unheimlich, so, als wäre dem eigentlich gar nichts vorzuwerfen. Aber schließlich ist er ja nicht von einer Lynchjustiz gehenkt worden, sondern von einem ordentlichen Gericht.
Da fällt mir ein: Irgend jemand hat mir erzählt, der Kerl habe auch Zimmermann gelernt, wie ich. Ich frag mich, wie man da so in die Gosse geraten kann. Der muß doch seine Nase in Dinge gesteckt haben, die ihn nichts angingen. Vielleicht hat er am Ende auch so einen Auftrag gekriegt wie ich und hat ihn nicht ausführen wollen. Da muß der Staat ja durchgreifen. Wo kommen wir denn hin, wenn die Leute anfangen, nicht mehr ihre Pflicht zu tun?

(Karfreitag)

Karfreitagsinterviews
Hans-Georg Lubkoll

(Matthäus 27,15–22 und 57–60)

I.
Liebe Gemeinde! An jenem Freitag, an dem Jesus starb, sind zwei Männer ganz verschiedener Herkunft in die Geschichte seines Sterbens und Auferstehens verwickelt worden. Der eine war ein reicher Mann, der andere ein Widerstandskämpfer. In der plakatähnlichen,

unschönen Sprache unserer Zeit könnte ich auch sagen: Der eine war ein Kapitalist, der andere ein Terrorist. In meiner Phantasie habe ich beide Männer aufgesucht und mit ihnen gesprochen – über die Kreuzigung Jesu und über das Ereignis, das zwei Tage später folgte.

Zuerst bin ich zu Barabbas gegangen, einem Manne mit kantigen Gesichtszügen und leidenschaftlichen Augen. Ich habe ihn gefragt: »Herr Barabbas, Sie waren bereits zum Tode verurteilt. Ihre Hinrichtung durch das römische Militär stand unmittelbar bevor. Im letzten Augenblick wurden Sie begnadigt, weil sich das Volk für Sie eingesetzt hat. Was ist Ihnen durch den Kopf gegangen, als die Wächter Ihre Zelle aufsperrten und Sie nach Hause gehen konnten?«

Barabbas hat geantwortet: »Ich habe immer damit gerechnet, daß sie mich eines Tages erwischen würden. Ich habe unzählige Male Soldaten der römischen Besatzungsmacht aus dem Hinterhalt aufgelauert. Mit meinen Pfeilen habe ich die Reiter vom Pferd geholt und meinen Dolch in ihr Herz gestoßen. Und dann ist es passiert: Bei einer Razzia wurde ich entdeckt. Fliehen konnte ich nicht; der Hinterhof hatte keinen Ausgang. In der Todeszelle fand ich mich wieder. Einige Zellen von mir entfernt saß ein gewisser Jesus von Nazareth. Ich hatte von ihm gehört. Ich war nicht mit ihm einverstanden, denn er hielt nichts von der Anwendung harter Gewalt. Er hatte nicht begriffen, daß man mit den Römern nur fertig werden kann, wenn man ihnen die Zähne zeigt. Aber davon abgesehen, war er mir eigentlich sympathisch. Er hat Kranke geheilt und die Leute begeistert. Er konnte andere mitreißen und wäre bestimmt ein großer Partisanenführer geworden. Besonders gefallen hat mir, daß er ein großer Freund der Kinder war.«

An dieser Stelle habe ich Herrn Barabbas unterbrochen und ihn gefragt: »Sie wußten, daß Pilatus zum Osterfest einen Gefangenen amnestieren würde. Wie haben Sie Ihre Aussichten eingeschätzt?«

Barabbas schüttelte den Kopf. »Überlegen Sie mal«, sagte er, »welche Chance ich hatte! Die Römer hatten sich mehrmals, wenn wir uns zurückgezogen hatten, an der Zivilbevölkerung gerächt. Das war in Jerusalem bekannt. Mir war klar: Das Volk würde mit gewaltiger Stimme schreien: Pilatus, gib Jesus von Nazareth frei! Ich sah mich schon am Kreuze hängen und entsetzliche Qualen leiden, bis endlich mein Kreislauf aussetzen würde. Aber dann geschah das Unglaubliche: Mein Ohr an die Zellentür gepreßt, hörte ich das Volk schreien: »Gib Barabbas frei!« Ein paar Minuten später kamen die Wärter, schoben den Riegel zurück und sagten zu mir: Verschwinde!«

»Herr Barabbas«, sagte ich, »sind Sie gleich nach Hause gegangen oder erneut im Untergrund verschwunden?«

Er antwortete: »Nein. Aus sicherer Entfernung habe ich zugeschaut, wie Jesus gemeinsam mit zwei meiner Kollegen gekreuzigt wurde. Es ging mir durch und durch. Ich dachte: Eigentlich müßte ich dort hängen. Das wäre gerecht. Aber er? Was hat er denn Böses getan? Ich sah den Mann, der mich im Leiden und Sterben vertrat. Da stirbt ein Schuldloser, während ich Sünder frei herumlaufe. So froh ich war, daß ich nicht sterben mußte – die Welt habe ich nicht mehr verstanden. Aber das können Sie als ein Mensch des 20. Jahrhunderts natürlich nicht begreifen!«

Ich habe geantwortet: »Barabbas, das stimmt nicht. Ich bin zwar kein Terrorist wie Sie, sondern nur ein einigermaßen friedlicher Pfarrer der Münchner Innenstadt. Aber auch ich habe vieles im Leben falsch gemacht, ich habe die Gebote, wie Jesus sie in der Bergpredigt ausgelegt hat, übertreten; ich habe Menschen wehgetan, sogar den Menschen, die ich liebhabe. Auch ich muß sagen: Da stirbt ein Schuldloser, während ich Sünder frei herumlaufe. Barabbas, höre zu! In unserem Gesangbuch steht ein Lied, in dem es heißt: »Ich bin's, ich sollte büßen, an Händen und an Füßen gebunden in der Höll; die Geißeln und die Banden und was du ausgestanden, das hat verdienet meine Seel!« Aber nun ist alles ganz anders gekommen. Die Apostel Jesu haben es mir erklärt: Mit dem Kreuz auf Golgatha hat Gott mir das Leben neu geschenkt, mir meine Schuld vergeben und mich zu einem freien Menschen gemacht.«

Barabbas hat geantwortet: »Dann hast du etwas Ähnliches erlebt wie ich!« »Ja«, habe ich geantwortet, »so ist es.«

II.

Mein zweiter Gesprächspartner war Joseph, ein Mann aus der kleinen Landstadt Arimathia. Er ist wohlhabend; sein Bankkonto kann sich sehen lassen. Einfluß besitzt er auch; er hat Sitz und Stimme im Stadtrat zu Jerusalem. Mit der Verurteilung Jesu war er nicht einverstanden gewesen, aber er konnte sich, wie es einem Stadtrat manchmal ergeht, gegen die Mehrheit nicht durchsetzen.

Ich habe zu ihm gesagt: »Herr Stadtrat, Sie haben Zivilcourage bewiesen. Sie sind zu Pilatus gegangen und haben ihn gebeten, den Leichnam Jesu herauszugeben, und zwar gegen die gesetzlichen Bestimmungen. Der Leichnam hätte an Ort und Stelle verscharrt werden müssen.«

Joseph von Arimathia winkte ab. »Ich war meiner Sache ziemlich sicher«, sagte er, »denn dem Statthalter stand ja das schlechte Gewissen, als er Jesus fallen ließ, im Gesicht geschrieben. Ich bin kein besonderes Risiko eingegangen. Er wußte auch, daß ich einiges über ihn weiß, was ich eigentlich nicht wissen sollte. Alles ging glatt.«

Ich erwiderte: »Sie haben das Grab, das Sie für sich selbst in den Fels haben hauen lassen, für die Bestattung Jesu zur Verfügung gestellt und selbst den Leichnam mit Leinwand umhüllt. Warum haben Sie das getan?«

Joseph von Arimathia sah mich lange aus seinen großen Augen an und sagte nur einen Satz: »Ich habe ihn geliebt.« Er sagte das ohne Trauer in der Stimme, und dafür gab es einen Grund. Deshalb fragte ich weiter: »Die Grabkammer steht Ihnen, wie ich gehört habe, wieder zur Verfügung?«

Der Stadtrat Joseph sah mich noch einmal lange an. Dann sagte er: »Als es hieß, daß er auferstanden ist, bin ich natürlich sofort zu der Grabkammer in meinem Garten gelaufen. Er war nicht mehr da. Er hatte mir mein Grab zurückgegeben. Inzwischen habe ich mir gegenüber der Tür, die in die Grabkammer hineinführt, eine Bank aufstellen lassen. Dort sitze ich jeden Abend, wenn die Sonne untergeht. Ich denke: Jesus von Nazareth wurde in dieses Grab gelegt, aber Gott hat ihn auferweckt. Joseph von Arimathia wird in dieses Grab gelegt werden. Was wird Gott tun? Jesus hatte gesagt: Ich lebe und ihr sollt auch leben! Auf sein Wort kann ich mich verlassen.«

Ich habe geantwortet: »Joseph von Arimathia, auf ein so großartiges Erlebnis wie du kann ich nicht zurückblicken. Du konntest denken, wenn du zu Deiner Begräbnisstätte hinübergeschaut hast: In dieser Grabkammer hat Gott dem Tode das Genick gebrochen. Deine Grabkammer ist zum Hinrichtungsraum für den scheinbar allmächtigen Tod geworden. Du hattest etwas zum Anschauen, ich habe nur eine Hoffnung. Aber, immerhin, eine Hoffnung, die begründet ist. Gott macht sicherlich keinen Unterschied zwischen deinem fürstlichen Grab, das eine vornehme Gruft war, und den knapp zwei Quadratmetern, auf denen mein Leib einmal zu Staub zerfallen wird. Vielleicht werde ich einmal auf einem Friedhof in München, vielleicht auch auf dem Gottesacker eines fränkischen Dorfes eingegraben werden. Ich stelle mir dieses Grab, die Blumen, die auf ihm blühen, und den Stein vor, auf dem mein Name zu lesen sein wird: Hans-Georg Lubkoll, gestorben am ... Ich kenne den Tag nicht, der einmal als mein Todestag auf dem Grabstein eingemeißelt wird. Aber ich denke: Lieber Joseph von Arimathia, ich will in meiner Phantasie mein künftiges Grab mit ähnlichen Gedanken anschauen wie du deine Grabkammer anschaust. Wenn Gott Schuld vergibt – dem Barabbas und auch uns –, bleibt er nicht auf halbem Wege stehen. Gott krönt seine Vergebung mit der Auferstehung der Toten. Und wir dürfen dabeisein und erleben, daß er uns aus aller Angst herausreißt:

Wenn ich einmal soll scheiden,
so scheide nicht von mir,
wenn ich den Tod soll leiden,
so tritt du dann herfür;
wenn mir am allerbängsten
wird um das Herze sein,
so reiß mich aus den Ängsten
kraft deiner Angst und Pein.«

Zuschauer oder Zeugen
Ruprecht Koepp

(Lukas 23)

Öffentliches Leiden kann bei der zuschauenden Öffentlichkeit die verschiedensten Reaktionen hervorrufen. Da gibt es jene abgestumpfte Neugierde, die wegen der Fülle erschreckender Bilder, die uns ins Haus geliefert werden, zur Betroffenheit kaum noch fä-

hig ist. Oder eine geradezu geile Sensationslust, die z. B. – wie kürzlich in einem Fernsehfilm – eine gute Sicht bei einer Hinrichtung teuer zu bezahlen bereit ist. Oder die Hilflosigkeit und Untätigkeit bei einem Verkehrsunfall. Oder die gutgemeinte und nervöse Betriebsamkeit. Oder Mitleid. Oder Schadenfreude. Die meisten Reaktionen der Öffentlichkeit belassen den Leidenden in der Einsamkeit des Leidens.
Wir hören, wie der Evangelist Lukas von dem Leiden Jesu am Kreuz berichtet:

Text

Dies ist eine Geschichte von öffentlichem Leiden, denn »das Volk stand und sah zu«. Was haben die Zuschauer zu berichten? Sie haben erlebt, wie der kümmerliche Nachlaß des Gerichteten verknobelt wird. Sie haben erlebt, wie einer sich nicht zu helfen weiß. Sie haben erlebt, wie ein Gescheiterter lediglich von einem Verbrecher ernst genommen wird. Sie haben erlebt, wie ein Unterlegener für seine Bezwinger betet. Sie haben erlebt, wie ein von Gott Verlassener mit Gott spricht. Da ist einer zum Spott geworden: das haben sie erlebt.
Da erzählt ein Soldat beim Heimkommen seiner Frau:
»Das war mal wieder ein langweiliger Tag! Drei Hinrichtungen. Zwei Verbrecher und dieser Jesus. Aus dem bin ich ja nicht recht schlau geworden, was das eigentlich für einer war. Ist ja auch nicht meine Sache, darüber nachzudenken. Ich habe nur zu gehorchen. Wenn's heißt: Der muß gekreuzigt werden!, dann tue ich das eben. Die anderen haben ihren Spott mit ihm getrieben, und ich hab' mitgemacht. Aber er hat so eigenartig darauf reagiert – richtigen Spaß hat's dadurch nicht gemacht. Immerhin, beim Knobeln um seine Sachen hab' ich dies hier gewonnen. Kleine Erinnerung an den Jesus. Vielleicht kannst du was für dich daraus machen oder für die Kinder.«
Und ein Oberster erzählt zu Hause:
»Das mit den beiden Verbrechern, die wir heute gekreuzigt haben, das war Routine. Aber so etwas wie mit Jesus habe ich noch nie erlebt. Er wollte doch der Messias sein, der Auserwählte Gottes. Jetzt hätte er mal beweisen können, was er kann. Andern helfen – schön und gut –: das mag ja ganz edel sein. Aber bewähren kann sich

ein Mann doch erst, wenn die Situation ausweglos zu sein scheint. Damals, als unser Hauptmann sagte: ›Die Lage ist ernst. Betet und dann zeigt, was ihr könnt!‹ – da dachte ich: ›Jeder ist sich selbst der Nächste‹, und die andern waren mir egal –, und deshalb lebe ich. Und wir – wir waren doch normale Männer! Aber wenn einer König sein will – daß ich nicht lache! –, wenn einer Messias sein will und sich nicht zu helfen weiß, dann disqualifiziert er sich doch selbst. Ein toter Messias: Wer hat denn davon etwas, und was hat er selbst davon? Gewundert habe ich mich aber über den einen Halunken, den wir da mit aufgeknüpft haben. Für den gab's doch nun wirklich auch nichts mehr zu hoffen, sollte man meinen: auf die schiefe Bahn geraten, Leben verspielt, aus. Der hat nicht gespottet und geschrien, *irgendwas* hat er mit Jesus gesprochen, und es schien, als ob Jesus ihm *irgendeine* Hoffnung gemacht hat. Natürlich, er ist gestorben, aber so, als ob nun alles in Ordnung sei, richtig fröhlich, fast glücklich. Und dabei war er doch ein Verbrecher! Das werde ich wohl nie verstehen: Jesus und dieser Übeltäter – was haben die gemein? Und wie können die – am Kreuz! – in solchem Frieden sterben, wo doch sogar mein Vater damals – und der war ein frommer Mann und starb im Bett! – klagend und fluchend gestorben ist?!«

Und ein Schriftgelehrter spricht mit seinen Freunden:

»Nun, das ist ja alles glattgegangen. Zumindest ist er jetzt tot. Aber einiges beunruhigt mich doch nachträglich noch. Was er da gesagt hat: ›Vater, vergib ihnen, denn sie wissen nicht, was sie tun‹ – war das der billige Triumph eines Gescheiterten, der seinen Bezwingern Dummheit vorwirft? Oder war das ein ehrliches Gebet? Nahm er uns ernst? Haben wir *mehr* getan als einen Spinner und Gotteslästerer seinem gerechten Urteil ausgeliefert? – War das seine letzte Gotteslästerung, als er mit Worten des 31. Psalms sprach: ›Vater, in deine Hände befehle ich meinen Geist‹? Glaubte er das wirklich? Der Psalm geht doch weiter: ›Du hast mich erlöst, Herr, du treuer Gott‹: ist das möglich, daß einer, dem wir Gottlosigkeit bescheinigen, mit der Treue Gottes rechnet? *Wir* sind doch zuständig für das religiöse Leben und nicht so ein Einzelgänger, der sich durch Gesetzesübertretungen und durch seinen Umgang schon längst unglaubwürdig gemacht hat! – Worte des Vertrauens im Augenblick eines so schändlichen Sterbens: Ich habe Angst, das

könnten Worte sein, die nicht ohne Echo bleiben, nicht ohne vertrauensvolles Echo. Irgend so etwas war da doch auch schon mit dem einen der beiden Verbrecher. Ich habe Angst: Wußten wir wirklich, was wir taten? Haben wir, indem wir ihn töteten, ihm womöglich zum Siege verholfen?«
Der Schriftgelehrte hat einige Fragen. Ob seine Kollegen und die Pharisäer ihn beruhigen können? Auch der Oberste ist noch nicht ganz fertig mit Jesus, aber vielleicht hilft ihm der Dienst, wo jeder seinen Mann zu stehen hat, wieder zu seiner Sicherheit. Und der Soldat wird durch das Kleid gelegentlich an Jesus erinnert werden, Jesus, bei dem das Verspotten nicht so recht Spaß gemacht hat; aber er wird wahrscheinlich, wenn man es befiehlt, weiter Menschen töten, ohne sich einer Schuld bewußt zu sein.
Diese drei Männer und das Volk – sie alle waren als Zuschauer dabei, mehr oder weniger beteiligt, mehr oder weniger beeindruckt. Sie sind dessen Zeuge gewesen: Das Kapitel Jesus ist abgeschlossen, er ist tot. Einige gehen zur Tagesordnung über, einige sind vielleicht noch etwas verunsichert.
Einen Zeugen gibt es, der mehr, mit Überzeugung mehr zu sagen weiß als: »Jesus ist tot.« Der Hauptmann bezeugt: »Fürwahr, dieser ist ein frommer Mensch gewesen. Ach, was sage ich: Dieser Mann war wirklich ein Gerechter. Jesus ist unschuldig. Gott, du hast das Urteil, indem es vollstreckt wurde, widerrufen. Du hast mir die Augen geöffnet, so daß ich mehr gesehen habe als die Hinrichtung eines Revolutionärs oder religiösen Irren. Ich habe erlebt, wie Gottes Gerechtigkeit aussieht: da liebt einer seine Feinde und betet für sie; da ermöglicht einer Hoffnung gerade für die Hoffnungslosen; da tut einer mehr, als sich in sein Schicksal zu ergeben: er vertraut auf Gott.«
Liebe Gemeinde, mit dem Lobpreis dieses Offiziers beginnt christliche Gemeinde. Zu dieser Gemeinde gehört auch jener Übeltäter, mit dem Jesus sprach. Es sind mit der Zeit noch mehr Zuschauer des Todes Jesu zu Zeugen Jesu Christi geworden. Auch einfache Soldaten, die eigentlich nichts kannten als Gehorchen und manchmal ein Glücksspiel. Auch Oberste, denen Frieden plötzlich mehr bedeutete als die eigene Haut zu retten und den andern zu vernichten. Auch Fromme, die bereit waren, ihre religiöse Sicherheit in Frage stellen zu lassen. Zuschauer und Zuhörer eines gewiß vieldeu-

tigen und mißverständlichen Geschehens sind zur Gemeinde Jesu Christi geworden.
Sind wir mehr als Zuschauer oder Zuhörer? Mehr als Neugierige oder Gelangweilte oder Mitleidige? Mehr auch als Beunruhigte? Zeugen der Gerechtigkeit Gottes?

(Karfreitag)

Erfahrungen des Alltags
im Spiegel der Bibel

Einer beinah wie Zachäus
Walter Krug

(Lukas 19,1–10)

»Wir hatten da einmal einen Lehrer.« So beginnt's nicht selten, wenn Leute jenseits der Vierzig anfangen, von ihrer Jugendzeit zu erzählen. Jeder hat einmal einen Lehrer gehabt, von dem man Jahrzehnte später Geschichten erzählen konnte. Ich kann's kaum glauben, daß – wie man manchmal behaupten hört – diese Art Lehrer ausgestorben sei.

Ich hatte also einmal einen Lehrer, in der Eingangsklasse des Gymnasiums. Französisch lehrte er, übrigens auf eine handfeste Art und Weise. Er war einer von denen, die grammatische Regeln in Reime brachten und darauf schwörten.

Und dann gab er auch Religion. Davon muß ich heute erzählen. Aber vorher ist noch zu bemerken, daß er Junggeselle war, so um die Fünfzig. Am Stadtrand hatte er sich ein Häuschen gebaut. Seine Anzüge wechselte er nur jeden Monat; die älteren hatte er, wenn die Ärmelkanten abgestoßen waren, mit braunem Bortenband eingefaßt, was ihm einigermaßen gut gelang. Er stammte – manchmal erzählte er davon – von einem Bauernhof auf der Schwäbischen Alb. Seine Zigaretten – er war ein kräftiger Raucher – drehte er selbst. Schüler haben – Sie wissen das – ein Auge für derlei Dinge. Zur Religionsstunde brachte er eine große, ledergebundene Bibel mit. Das Leder war braun geworden vom Tabaksdampf vieler Jahre, die Seiten vollgekritzelt mit vielen Randnotizen. Dazu brachte er ein Gesangbuch und einen hölzernen Geigenkasten. Mit immer gleicher Gebärde nahm er Geige und Bogen aus dem Kasten, stimmte das Instrument mit wenigen Strichen, sagte das Lied an, ein Blick, wir standen auf und sangen. Das Lied wechselte monatlich (mit dem Anzug), und es waren die großen, alten Glaubenslieder: »O Gott, du frommer Gott.« – »Warum sollt ich mich denn grämen.« – »Zeuch ein du deinen Toren, sei meines Herzens Gast.« Ich wüßte nicht, daß je einer absichtlich falsch gesungen hätte. Und dann schlug er die Bibel auf und erzählte biblische Geschichte, auf eigenwillige Weise, und hier erst wurde er lebendig. Altes Testament: Was der Josef alles zusammengeträumt habe von Eltern und Brüdern, von fetten und mageren Jahren in Ägypten und auch auf der Schwäbischen Alb, und wie das pharaonische Heer mit Mann und Maus im Meer ertrank. Während er erzählte, schrieb er mit schneller Hand Stichworte an die Tafel, und dann und wann malte er mit wenigen Strichen eine kleine Zeichnung zu dieser und jener Geschichte.

Wir hatten ihn gern, diesen Lehrer, obwohl er uns in seiner Eigenart immer ein Rätsel war. Er war anders als die anderen Lehrer.

Aber an einem sommerheißen Samstag begann's, daß ich ihn lieben lernte. Wir hatten Religion, und es war die letzte Stunde, als dieser Lehrer etwa so erzählte:

Der barmherzige Samariter war längst wieder zu Hause, die zehn Aussätzigen freuten sich wieder ihrer Gesundheit, und die Kinder, die Jesus gesegnet hatte, hatten längst wieder Löcher in den Strümpfen und ungeputzte Nasen – zu dieser Zeit lebte in der schönen Stadt Jericho am Jordanfluß – (»Jordanfluß«, ging's mir durch den Kopf, der Vater wollte nach der Schule mit mir Schwimmen gehen) – lebte in Jericho ein Mann namens Zachäus. Er war vom Dorf in die Stadt gekommen und recht tüchtig, so daß man ihn zum Leiter der Zollstelle gemacht hat. Aber in der Stadt hatte er keine Freunde gefunden. Solange er noch im Zollhaus gewohnt hatte, besuchte ihn niemand, ja er wurde gemieden. Darüber wurde er menschenscheu; mit den Leuten, die durch den Zoll gingen, wechselte er nur die nötigsten Worte. Jeder machte, daß er wieder weiter kam. So ging er seiner Arbeit nach, gewissenhaft sicher, aber er lebte niemandem zulieb und niemandem zuleid. Für sich selbst brauchte er nur wenig und ersparte sich so ein kleines Vermögen. »Er ist reich«, flüsterten die Jerichoer hinter der vorgehaltenen Hand. Das Gerücht verstärkte sich, als er am Hang ein kleines Häuschen baute, von dem aus man das Jordantal überblicken konnte (Jordan, dachte ich, er hätte baden gehen sollen bei der Hitze). – Ganz allein habe er in dem Häuschen gewohnt. Stand er frühmorgens auf, habe er einen Psalm gesungen, aber niemand sang mit. Kam er abends nach Hause, erwarteten ihn leere Zimmer. Er hätte sich ein paar Teppiche kaufen können, aber für wen? Allein saß er am Tisch, löffelte seine Morgensuppe, löffelte seine Abendsuppe. Sprach er, dann sprach er mit sich selbst. Eine Zeitlang dachte er ans Heiraten, und er gab's bald wieder auf. Es wollte ihn keine. Am Ende sagte er: »Ich brauche keine, ich brauche überhaupt niemanden.« Zachäus hatte seinen Stolz.

Einmal saß er am Zollhaus und hörte die Reisenden sprechen, ein berühmter Rabbi, ein weiser Lehrer und Freund des Volkes, sei auf dem Weg durch die Stadt. Zuerst hörte er's nur mit halbem Ohr (dummer Zachäus, dachte ich, du machst deine Geschichte immer länger) – aber als er dann die Gichtbrüchigen sah und die Blinden, wie sie sich am Straßenrand drängelten, stand er auf und stieg, weil er klein war und niemandem zu nahe kommen wollte, auf den Maulbeerbaum, der vor dem Zollhaus Schatten spendete. Und dann streckten die Kranken ihre Arme aus, und die Stimmen wurden erregt, und für einige Augenblicke sah Zachäus den Rabbi mitten unter den Menschen – und da traf ihn sehr tief in seiner Seele ein Blick aus den Augen des Weitergehenden. »Zachäus!«, hörte er wirklich seinen Namen; wann war je sein Name im Mund eines anderen Menschen? »Zachhäus, steig herunter vom Baum, ich will dich besuchen!« Kennt ihr den Zachäus noch, wie er von seinem Baum herunterkam, den Zoll abschloß, nach Hause eilte, wie er aus seiner Speisekammer holte, was sie barg? Warum habe ich nicht mehr? Wie er ein Tischtuch auflegte, für sich selber tat er's ja nie, für wen eigentlich auch? Wie er den Tisch deckte mit Brot und Wein und Feigen und Datteln – kennt ihr ihn noch, den kleinen, klein geratenen Zachäus? Und dann kam Jesus und setzte sich an seinen Tisch, als ob es nichts Besonderes wäre. Aber es war etwas Besonderes, und Zachäus sprach, und zum erstenmal hatte ihm eine Stimme in seinem Haus Antwort gegeben. Es war für ihn wie ein Fest. – Ja, dachte ich, nun hat er's, was er braucht, und nun kann die Geschichte und die Schulstunde zu Ende gehen. Aber an der Tafel standen noch Stichworte – Zachäus und Zollhaus und Maulbeerbaum, und daneben war ein Tisch gezeichnet mit einem Stuhl und ein Teller nur auf dem Tisch. Und dann ein anderer Tisch, mit zwei Stühlen und zwei Tellern und ein Blumenstrauß mitten auf dem Tisch. Wir schrieben und malten's ab, und dann war die Stunde endlich zu Ende.

Nun hatte der Vater mit mir abgesprochen, ich sollte in einem Café nahe der Schule auf ihn warten. Ich bestellte mir dort etwas zu trinken – der Raum war zu dieser Zeit noch menschenleer –, als die Tür aufging und der Lehrer eintrat. Ohne hinzusehen, hing er seinen Strohhut an den Haken und setzte sich an einen Tisch in der hinteren Ecke des Cafés. Ohne bestellt zu haben, wurde ihm eine Tasse

Kaffee gebracht und zwei Milchwecken, die er aber nicht auf gewöhnliche Weise aß, sondern eintunkte. Dabei beugte er sich über die Tasse und fing den Brocken auf, bevor dieser wieder in die Tasse zurückfallen wollte. Die Krümel auf dem Tisch tippte er mit dem Finger auf. Es störte ihn nicht, beobachtet zu werden. Aus der Aktentasche holte er Tabak und Zigarettenpapier, drehte einige Zigaretten und legte sie in ein Etui, das mir golden erschien. Dann nahm er einen Stoß Hefte aus der Tasche, ein rotes Tintenfaß und fing an die Hefte zu korrigieren. Manchmal brummte er dabei, die Feder kratzte übers Papier. Manchmal sprach er ein paar Worte. Aber ich war nicht gemeint. Er sprach mit sich selbst.

Der Vater blieb lange aus. Der halbe Stoß Hefte war schon durchgesehen. Der Wirt brachte – wieder ohne Bestellung – eine zweite Tasse Kaffee. Wirt und Gast verkehrten wortlos miteinander. Zwischendurch blies der Lehrer blaue Kringel in die Luft und schaute ihnen nach. Beinah mechanisch griff er zum nächsten Heft, neues Kratzen der Feder, neues brummendes Selbstgespräch.

Als der Vater kam und den Lehrer in seiner Ecke sitzen sah, ging er hin und begrüßte ihn: »Was ein Jammer, bei so schönem Wetter Hefte korrigieren zu müssen. Sie sollten in ihren Garten gehen, dort muß es doch jetzt schön sein.« Der Lehrer sah kurz auf, und ich entdeckte zum erstenmal einen traurigen Zug um seinen Mund »Was hilft's. Was sein muß, muß sein. Und was soll ich zu Hause? Hier sind wenigstens manchmal Menschen.«

Erinnerungen, Erfahrungen
Bernhard von Issendorff

(Römer 11,33–36)

»O welch eine Tiefe des Reichtums, beides, der Weisheit und der Erkenntnis Gottes!«

Auf 75 Jahre schaute er zurück, sein Leben und das zwanzigste Jahrhundert. Vor zehn Jahren war er als Behördenangestellter in den

Ruhestand gegangen, hatte hier und da noch gearbeitet, mehr aus Sehnsucht nach Beschäftigung als aus Notwendigkeit.
Seine Ehefrau – weißhaarig, gallenleidend, stets nörgelnd – war um ihn. Es war gut. Es tat gut, auch wenn man sich nicht mehr viel zu sagen hatte. Kein Wunder, denn man kannte sich seit 1936. Es tat gut, ihre Nörgeleien und ihre Krankheitsberichte zu hören. Diese bestätigten, daß die Welt weiterging. Ja, sie ließen sogar den Gedanken der Dankbarkeit zu, weil 1943 und dann 1947 die Operationen gezeigt hatten, das Zusammenleben war gefährdet. Er hatte Angst gehabt, allein bleiben zu müssen. Schon die vorahnende Angst hatte die Welt angehalten, für andere mag die Welt weitergehen, aber für ihn hatte sie stillgestanden. Und dann waren sie zusammengeblieben, und die Kinder hatten später das Haus verlassen, und sie, beide, hatten sich eingerichtet mit den blauen und roten Pillen beim Essen und den Spritzen beim Arzt und bei der Schwester. Doch sie hatten, trotz der Gefährdung und obwohl sie sich nichts mehr zu sagen hatten, zusammenbleiben können.
Manchmal, wenn sie nebeneinander in ihren Fernsehsesseln saßen, dann streichelte er leicht ihren Handrücken – voll schüchterner Zärtlichkeit. »Ach, wir sind doch ganz alte Leute« und »Was soll das?«, aber neben der Abwehr war auch ein milder Blick. Es wurde nie gesagt und war doch da: »Ich danke dir« und »Ich bin dankbar«.
»O welch eine Tiefe des Reichtums, beides, der Weisheit und der Erkenntnis Gottes!«
Und er sann nach zwischen den halbgesenkten Augenlidern. Die Wirklichkeit zu sehen, strengte seine Augen – die nie gut gewesen waren – zunehmend an, und den Träumen anderer zu folgen, hatte er nicht immer Lust. Er träumte lieber selbst und er erinnerte sich.
Daß man lebte, dafür hatte man zu danken. Der Reichtum des Lebens ist das Leben selbst. Er kritisierte seine Kinder nicht mehr, wenn sie auch anderen Reichtum sahen und Geld in Rechnung stellten. Ist doch gut, wenn sie nie erfahren, daß das Leben schon genug ist, daß es alles ist, weil das andere Sterben ist. Er hatte aufgehört, seine abweichenden Meinungen vorzutragen, weil er einsah, daß man Erfahrungen nicht vermitteln kann, die muß jeder für sich machen. Gewiß, man erzählt, aber eigentlich, um sich seiner eigenen Erinnerung zu versichern.
Er hatte ihnen die letzten Tage des ersten Weltkriegs geschildert, als

er gerade eingezogen worden war, um die ersten Tanks zu sehen, die über das durch Trommelfeuer umgepflügte Land zwischen den Schützengräben fuhren. Er hatte damals nicht dafür danken können, daß er am Leben blieb. Gott sei Dank für mein Leben, das heißt Gott danken, daß der Kamerad starb, daß den Franzosen die Handgranate zerriß. Zufall war, ob man überlebte oder nicht.
Laß Gottes Gnade aus dem Spiel, wenn Menschen Giftgas nehmen. Das gilt auch für die Bombenteppiche. Er war einmal ausgebombt. Das hatten die Kinder schon miterlebt. Aber er dachte, das ist für sie nur noch wie die Erinnerung an einen Fernsehfilm der letzten Woche. Allein kann man sich schon gar nicht mehr erinnern, nur wenn andere Menschen die Stichworte lieferten, dann setzte die Erinnerung ein. Aber andere Menschen, die richtige Stichworte für die Tage damals geben konnten, gab es nicht mehr viele. Auch traf man sich seltener, und die Stichworte wurden immer weniger.
»Wie unbegreiflich sind seine Gerichte und unerforschlich seine Wege!«
Irgendwann würden die Kinder schon erkennen, daß der Schein trügt und daß der Gewinn nicht ewig sein kann. O, was hatte er sich erregt – deshalb hatte er sich damals politisch engagiert – damals in der Zeit der großen Arbeitslosigkeit, als einige wenige irrsinnig verdienten. Innerlich lachte er, tatsächlich waren einige damals irrsinnig geworden von denen an jenem Schwarzen Freitag, als die Banken zusammenbrachen. Aber war das ein Gericht – ein göttliches Gericht sogar? Es hatte seinen Sinn auf Vergeltung befriedigt. Aber das Alter macht weise. So sagt man, denn man hat so viele Erfahrungen gemacht, daß man auch gegen den eigenen Gerechtigkeitssinn skeptisch wird: die Gewinner in der Not der Weimarer Zeit bestraft im Strudel des Bankkrachs, das konnte vielleicht noch in Ordnung gehen, auch die Katastrophe von 45, wenn sie wirklich die Schuldigen getroffen – und zwar allein – hätte. Aber er wußte auch – und es ärgerte ihn, daß ihm das immer wieder einfiel, als es den Juden nicht mehr gutging, da hatte sich sein Gerechtigkeitssinn auch gefreut, und er hatte sogar geglaubt, daß es vielleicht so etwas sein könnte wie ein göttliches Gericht. Aber Gottes Gerichte sind unerforschlich, das aber war von Menschen mit aller Pingeligkeit kalkuliert. Nein, sagt nicht Gottes Gericht, wenn es anderen schlecht geht.

Wenn es dir selber schlecht geht, dann sagst du es auch nicht, da hast du dich daran gewöhnt zu sagen: »Man weiß nie, wofür es gut ist!« Und so war es doch: Was schlecht aussah, das hat dann doch häufig eine gute Wendung genommen. Die Kündigung 1935 und die neue Stellung 1936, das war der Grund, durch den er seine Frau kennengelernt hatte. Da er in Leipzig ausgebombt wurde, war die Familie in den Harz gebracht worden, und so hatte er seinen Start nach dem Krieg im Westen gehabt, hatte die Russen nicht erlebt.
»Man weiß nie, wofür es gut ist!« So antwortet der Mensch auf Gottes Gericht und stellt sich ein auf die Wege, die so letztlich doch zu einem Ziel kommen. Aber diesen Satz »man weiß nie, wofür es gut ist!« darf man sich nur selbst sagen, wenn es ihm ein anderer zugemutet hätte, dann wäre er sicherlich verärgert gewesen.
»Ach, ihr wollt immer wissen, was dabei herauskommt!« hatte er sich den Kalkulationen der jüngeren Generation widersetzt. Diese Kalkulationen verplanen die Zukunft, und dann bleibt nichts mehr übrig, was das Leben schön macht.
Er plante nicht mehr. Menschen in meinem Alter planen nicht mehr, sagte er, und er meinte, weil sie es nicht mehr können, weil sie wissen, daß der Tod den Plan durchkreuzt. Aber er war sich nicht sicher, ob es nur Resignation war, mit dem Sterben zu rechnen, oder Weisheit. Denn – aber davon sprach er nicht, »die lachen mich, den alten Mann, nur aus« hatte er als Grund für sein Schweigen zu seiner Lebensgefährtin gesagt – seitdem sie nicht mehr planten und ihre Tage gemäß dem Plan verwalteten, hatten sie manchen warmen Tag erlebt, manche helle Farbe gesehen, schüchterne Zärtlichkeit wieder entdeckt.
Wenn mein Leben die Ehre Gottes erzählen sollte – und je älter er wurde, desto mehr war er davon überzeugt –, was sollte er nennen? Die Kinder? Daß er seine Pflicht getan hatte? Rettungen aus der Gefahr? Das Lachen in den Urlaubstagen? Die Tatsache des Lebens selbst? Und wie sollte er die Ehre Gottes erzählen? Wie, wenn nicht so, daß er mit seiner Hand die andere Hand berührte, die seines Lebenspartners, die andere Hand ...
»O welch eine Tiefe des Reichtums, beides, der Weisheit und der Erkenntnis Gottes! Wie gar unbegreiflich sind seine Gerichte und unerforschlich seine Wege! Denn wer hat des Herrn Sinn erkannt, oder wer ist sein Ratgeber gewesen? Oder wer hat ihm etwas zu-

vor gegeben, daß ihm werde wiedervergolten? Denn von ihm und durch ihn und zu ihm sind alle Dinge. Ihm sei Ehre in Ewigkeit! Amen.«

Wofür ist der Mond da?
Horst Hirschler

Ganz nüchtern waren wir schon nicht mehr. Wir hatten Rotwein getrunken und Doppelkopf gespielt. Und als es Mitternacht war, sahen wir durch das Fenster, daß ein riesiger Mond über dem Wald hing. Wir gingen nach draußen. Es sah phantastisch aus. Der Nebel über den Wiesen, die dunklen Waldstücke, das milchige Licht des Mondes.

Einer meint: »Das habe ich mich immer schon gefragt, wofür ist eigentlich der Mond da?« Und da ich mich angesprochen fühlte, sagte ich: »Der Mond, wofür der da ist? Für nichts! Der hängt da bloß.«

Die anderen lachten. Aber einer sagte: »Doch, das stimmt, der ist – das habe ich gelesen – so im Vorüberfliegen eingefangen. Und jetzt kreist er so rum. Ein Klumpen Material, von der Sonne beleuchtet. Der ist tatsächlich für nichts da.«

Ein anderer sagte: »Trotzdem sieht er schön aus.«

Wie gesagt, ganz nüchtern waren wir schon nicht mehr. Wir hatten geredet, genauso, wie wir das heute machen. So wie Menschen oft gedacht haben, seit es die Gedanken der Bibel gibt. Alles, was da ist, ist Material für irgend etwas.

Die Bibel selbst fängt ja damit an. Was ist der Mond?

Trocken heißt es: eine Lampe, die Nacht zu erhellen.

Die anderen Religionen haben noch geheimnisvoll Göttliches im Mond und in der Sonne und in den Gestirnen vermutet. Das hat die Bibel gleich abgeschafft. Neben Gott dem Herrn gibt es nichts anderes, was gelten könnte.

Also ist der Mond eine Lampe. Immerhin wird da der Versuch gemacht, noch zu erklären, wofür er da ist. Unsere nächtliche Antwort hatte auch das aufgegeben.

Ich denke, daß wir so oft mit unserer Welt umgehen. Sie ist Material, und der Mensch macht etwas daraus. Und das, was es gibt an Rohstoffen, an Erdöl, an Holz, das ist dafür da, daß wir es gebrauchen, verarbeiten, ausbeuten, verbrauchen. Bis wir die Welt aufgebraucht haben.

Wofür ist das alles da? Für nichts!

Vielleicht sind wir auch schon nicht mehr ganz nüchtern.

Der eine hatte über den Mond gesagt: Trotzdem sieht er ganz schön aus. Da war noch etwas anderes drin. Da war noch drin ein Staunen darüber, daß es so etwas Schönes gibt.

Zwei Einstellungen sind – glaube ich – wieder nötig.

Die eine ist die des ehrfürchtigen Staunens über das, was es in unserer Welt gibt. Es ist eine Weise, der Schöpfung Gottes gerecht zu werden, dies Staunen.

Die zweite aber ist genauso wichtig. Die Verantwortung für die Welt. Wir können ja nicht wieder uns der Natur hingeben und uns einfach als Teil der Schöpfung dem Lauf der Dinge überlassen. Das geht nicht mehr.

Wir sind verantwortlich. Für die Bevölkerungszahlen, für den Rohstoffraubbau, für die Papierverschwendung, dafür auch, daß die Wüsten wieder grün werden und die Menschen Nahrung haben. Wir sind nicht mehr einfach Geschöpfe Gottes, sondern auch Mitschöpfer Gottes.

Um so nötiger ist das Staunen. Jenes Staunen, das verhindert, daß unsere Welt einfach zum Material wird.

Ein Staunen, das die gelungenen Wege der Schöpfung Gottes zu ehren versucht. Und gleichzeitig als Helfer Gottes eine bewohnbare Erde schafft.

So ein Tag ist etwas Schönes
Klaus von Mering

(Psalm 8; Matthäus 7,24 ff.)

Man muß nicht unbedingt etwas ganz Außerordentliches erleben; um sich zu freuen. Freude am Leben kann uns in ganz alltäglichen Begebenheiten aufgehen. Und vor allem: Es kann geschehen, daß uns für einen Moment bewußt wird, worin diese Freude letztlich ihren Grund hat. Ich will versuchen, Ihnen das an einer Geschichte deutlich zu machen, wenn man etwas so Alltägliches überhaupt eine Geschichte nennen darf. Aber ich denke, Freude kann man nicht erklären oder empfehlen, am Ende gar befehlen, man kann eigentlich nur davon erzählen. Und das will ich versuchen:

Hinter den geschlossenen Vorhängen war es bereits heller Tag, als der Mann erwachte. Er warf einen raschen Blick auf den kleinen Reisewecker, in der Hoffnung, sich noch einmal auf die andere Seite drehen zu dürfen. Aber die Zeiger wiesen sein Gesuch unbarmherzig zurück. 6.35 Uhr, da war keine Zeit mehr zu verlieren, wenn er die Bahn um 7.18 nicht verpassen wollte. Seufzend stand er auf.

Während er die Vorhänge aufzog, versuchte er sich in Gedanken einen flüchtigen Überblick über den vor ihm liegenden Tag zu verschaffen. Soweit er feststellen konnte, war da nichts Außergewöhnliches, ein Tag wie jeder andere, ohne Höhepunkte, aber auch – hoffentlich – ohne besondere Aufregungen. Er haßte Aufregungen, vor allem, wenn es um diese lächerlichen Mißverständnisse ging, die oft genug der Grund waren. Er war ein Mensch, dem Ärger auf den Magen schlug, er liebte die Gleichmäßigkeit, das Normale. Solange man sich ein Auge für die unaufdringlichen Schönheiten des Alltäglichen bewahrt, dachte er, fürchtet man die Angst vor der Langeweile nicht, kann man auf den Kitzel des Abenteuers getrost verzichten. Mochten ihn einige Kollegen ruhig ›Kleinbürger‹ schimpfen, vielleicht war er's wirklich ein wenig, aber zu wessen Lasten?

Dies alles schoß ihm durch den Kopf, während er sich mit geschlossenen Augen noch einmal gründlich reckte und mit tiefen Atemzügen die kalte Morgenluft einzog. Um so mehr überraschte ihn, daß ihm angesichts der hereinflutenden Helligkeit der Gedanke kam: So ein Tag ist etwas Schönes. Dunkelheit und Nacht haben ihr Gutes,

sie geben Geborgenheit, Ruhe, einen Hauch von Mutterschoß. Aber morgens empfindet man den Anbruch des Tages wie einen Sieg.
Auf dem Weg ins Bad fand er zwar, daß das Wort ›Sieg‹ ein wenig zu großartig klang, besonders wenn man – wie er sich lächelnd eingestand – gerne noch eine Stunde im Schutz der Dunkelheit geschlafen hätte. Dennoch – zurücknehmen mochte er den Gedanken nicht. Vermittelt die Dunkelheit nicht in gleichem Maße, wie sie dem Sicheren Geborgenheit schenkt, dem Unsicheren Angst und das unbestimmte Gefühl drohender Gefahr? Enthielt die Wärme des nächtlichen Mutterschoßes nicht zugleich auch die Enge und Bedrängnis, ja den lebensgefährlichen Moment des Geburtenvorgangs?
Eigentlich ist es doch gar nicht selbstverständlich, daß auf die Nacht ein neuer Tag folgt, dachte er, während ihm der Schlafanzugpullover beim Ausziehen für einen Moment die Sicht und den Atem nahm. Man nimmt es nur für gewöhnlich nicht zur Kenntnis, weil man fest damit rechnet. Der Tag, gerade ein ganz normaler Tag wie dieser, ist ein Zeichen dafür, daß vieles, was uns normal und selbstverständlich erscheint, in Wahrheit gar nicht selbstverständlich ist.
Beim Rasieren ertappte er sich plötzlich dabei, daß er bereits seit geraumer Zeit eine Melodie vor sich hinsummte. Auf den Text konnte er sich zunächst nur bruchstückhaft besinnen: ›... lagen darnieder, aber nun steh ich, bin heiter und fröhlich‹ – nein nicht ›heiter‹, ›munter‹, ja, ›munter und fröhlich‹. Er konnte sich nicht erinnern, wann er dieses Lied zum letzten Mal gesungen hatte. Er kannte überhaupt kaum Lieder, von ein paar Schlagerzeilen abgesehen, die sich durch die dauernde Wiederholung eingeprägt hatten.
Aber dieses Lied gehörte nicht dazu, das war klar. Es reichte weiter zurück, in die Zeit, als er noch Volkslieder gelernt hatte. Volkslieder, ja, und Kirchenlieder. Kirchenlieder – wie lange ist das her. Weihnachten, natürlich. Und neulich auf der Beerdigung von dem früheren Prokuristen, den er persönlich kaum noch gekannt hatte. Aber da hatte er auch nicht mit gesungen, von den Liedern kannte er keins. Und überhaupt – auf einer Beerdigung ...
Ein unerwarteter Schatten deutete an, daß sich eine Wolke vor die Sonne geschoben hatte. Sehen konnte man es von hier aus nicht wegen der Milchglasscheiben. Merkwürdigerweise fiel ihm gerade in diesem Augenblick ein, daß das Lied, das er immer noch mit Un-

terbrechungen summte, ›die güldne Sonne‹ hieß. ›Die güldne Sonne, voll Freud und Wonne‹, – Stück für Stück stellten sich jetzt die alten Worte wieder ein – ›bringt unsern Grenzen mit ihrem Glänzen ein herzerquickendes, liebliches Licht‹. Die Andeutung eines Lächelns huschte über sein Gesicht bei dem Gedanken, welch komplizierter Prozeß jetzt gerade in den kleinen grauen Zellen seines Kopfes abgelaufen war, daß er ausgerechnet durch eine Wolke an die Sonne erinnert worden war. Aber stören, nein, stören konnte ihn der Widerspruch nicht. War es überhaupt ein Widerspruch? Es ist ja wirklich die Sonne, die den Tag hell macht, dachte er, auch wenn man sie einmal nicht sieht. Das muß einem nur gesagt werden – irgendwann einmal. Und dann muß man es sich auch immer wieder selber sagen, weil es so – er suchte nach einem passenden Ausdruck und ärgerte sich über die morgendliche Trägheit seines Gehirns – nun ja, so unanschaulich, so unwahrscheinlich auch, irgendwo sogar ein wenig furchterregend ist: dieser Feuerball im eiskalten stockdunklen All, der der Erde bei ihrer täglichen Verneigung vor ihm Stück für Stück in unendlicher Folge den Tag bringt.
Das muß einem nur gesagt werden. Er hatte auf einmal das Gefühl, daß das Lied mehr sein konnte als ein Ausdruck seiner guten Laune. Es konnte ihn daran erinnern, daß seine Fröhlichkeit gar nicht so grundlos war, wie sie ihm anfangs erschien. ›Mein Haupt und Glieder, die lagen darnieder, aber nun steh ich, bin munter und fröhlich ...‹ Ein Symbol, ja, der Tag ist wirklich ein Zeichen, ein Zeichen für das immer neue Angebot, zu leben.
Ihm fiel plötzlich wieder ein, daß er sich selbst vorhin ein bißchen zu großspurig fand, als er auf ›Sieg‹ gekommen war. Jetzt verspürte er geradezu Lust, sich selbst womöglich noch mehr von dieser ›Großspurigkeit‹ zu gönnen. Ein Sieg, ist das Leben nicht immer ein Sieg angesichts der Wirklichkeit des Todes? Du solltest Theologe werden, rief er seinem Spiegelbild zu, und in dem Funken Ironie spürte er das ernsthafte Bedürfnis, die Realität nicht zu überspielen.
Als er durch die erstaunten Blicke jener bekannten Unbekannten, die mit ihm wie stets an der Haltestelle auf die 7.18 Uhr warteten, darauf gestoßen wurde, daß er immer noch ›Die güldne Sonne ...‹ summte, wußt er, daß man diese andere Sicht der Dinge nicht erzwingen kann.

Der Gute Hirte, nicht in Gold gerahmt
Andreas Seifert

(Psalm 23)

Es war letztes Jahr im Herbst. Wir wollten in eine andere Wohnung ziehen. Vor dem Umzug gab es allerhand zu verpacken, und wir suchten Platz für die vielen Kartons. Eine Nachbarin bot uns netterweise ihren Dachboden an. Sie gab mir den Schlüssel, und ich stellte erfreut fest, daß der Boden fast leer war. Nur in der Ecke lag einiges Gerümpel. Aber viel schien sie davon nicht zu haben.

Ein Bild lag auch in dieser Ecke, ziemlich groß und mit dickem Holzrahmen, der golden angestrichen war. Eine Herde von Schafen war auf dem Bild zu sehen, eine große Wiese mit Büschen und eine Gestalt, die halb in den Wolken schwebte und auf die Schafe aufzupassen schien. Unter dem Bild stand: Der Herr ist mein Hirte, mir wird nichts mangeln.
Ich dachte zuerst: Da liegt das Bild richtig. Denn es gefiel mir nicht. Aber dann wunderte ich mich. Mir fiel ein, daß ich dieses Bild vor einiger Zeit noch in der Wohnung unserer Nachbarin gesehen hatte. Es konnte noch nicht lange auf dem Boden liegen. Warum hat diese Nachbarin, bei der es sonst kaum Gerümpel gibt, ausgerechnet dieses Bild aus ihrer Wohnung verbannt? Es muß ihr doch früher irgendwie gefallen haben.
Ich wußte damals keine Antwort. Ich dachte nur: Komisch, daß so eine alte Dame von fast 80 Jahren sich von diesem Bild trennen kann. Eine fromme alte Dame übrigens, die den 23. Psalm bestimmt gut kennt. Und von der ich jedenfalls soviel weiß, daß sie in ihrem Leben mehrmals erfahren mußte, wie das ist: im finsteren Tal wandern. Sie hat im Krieg ihren Mann verloren. Sie hat ihre Heimat in Polen aufgegeben. Sie hat sich bis heute ihrer auf Hilfe angewiesenen Schwester angenommen.
Jetzt, als ich den 23. Psalm wieder las und mir das Bild oben auf dem Boden in den Sinn kam, fiel mir auf: Von diesen Erlebnissen der Nachbarin war auf dem Bild gar nichts zu sehen. Da war alles in freundlichen Farben gehalten: Gutes Wetter, saftige Wiesen, wohlgenährte Schafe. Der goldene Rahmen paßte dazu. Nichts dagegen von Trauer, von Verzweiflung, von Flucht oder Krankheit. Die-

ses Bild hatte einfach den Erfahrungen nicht entsprochen, die jene Frau in ihrem Leben gemacht hatte.
Da oben staubt es nun ein und wird vergessen. Und wer dieses Bild in etlichen Jahren findet, wird es dann endgültig wegwerfen. Oder wem könnte man damit noch eine Freude machen?
Nein, ich möchte dieses Bild nicht geschenkt erhalten. Und ich wüßte auch keinen, dem man so was schenken sollte. Das liegt nicht daran, daß ich keine frommen Menschen kenne. Das liegt an diesem Bild. Es ist nicht unbedingt falsch gemalt. Aber es ist ganz unvollständig. Es zeigt mir nicht die Welt, die ich kenne. Es malt mir nicht die Erfahrungen aus, die ich selbst in meinem Leben gemacht habe und die mir andere Menschen von sich erzählt haben. Es sind die falschen Farben und die falschen Töne, die ich an diesem Bild nicht mag und die mich auch hindern würden, dieses Bild jemandem zu schenken.
Dabei würde ich mir ganz gerne ein anderes Bild in die Wohnung hängen, das diesen 23. Psalm in Farben einfängt. Er ist immerhin einer unserer schönsten Psalmen. Ein Gedicht im besten Sinne, für den Leser wie für den Hörer. Unser bekanntester Psalm außerdem. Und ein Psalm, mit dem viele Menschen eine Menge erlebt haben. Ein Psalm, der uns seit der Taufe oder Konfirmation oder Hochzeit begleitet, vielleicht auch mal verlassen hat. Jedenfalls ein Psalm, zu dem es sehr viel zu erzählen gibt: Trauriges und Schönes, Schreckliches und Wunderbares.
Das alles sollte erzählt werden. Das alles möchte ich einfangen in Farben, in Töne, in Reime. Das alles möchte ich festhalten, um zu verhindern, daß hier das Kind mit dem Bade ausgeschüttet wird, daß also dieser Psalm 23 gleich mit zu dem Gerümpel kommt, bei dem ich das alte Bild entdeckt habe. Denn es wäre ein unersetzlicher Verlust, wenn uns dieser Psalm verloren ginge.
Ich habe darüber nachgedacht, was ich alles tun könnte, um diesen Verlust zu verhindern. Es wäre denkbar, daß ich mir gleich Pinsel und Farbe, Notenblätter, Bleistift und Konzeptpapier kaufe und einfach anfange, drauflos male und drauflos komponiere. Aber das, was dabei herauskommt, soll anderen Menschen, soll meiner früheren Nachbarin und soll Ihnen hier allen ja unbedingt gefallen, soll nicht gleich wieder beim Gerümpel oder kurzerhand im Papierkorb landen. Das müssen also Bilder, Lieder und Gedichte werden, in

denen Sie auftauchen, in denen wir alle eine unaustauschbare Rolle spielen. Damit niemand sagt: Das verstehe ich nicht. Oder: Das sagt mir nichts. Das kann ich nicht glauben. Damit jeder sagt: Ja, so ist es. Oder: Das habe ich auch schon erlebt. Das will ich gerne glauben.

Darum habe ich mir vorgestellt:
Ich möchte ein BILD malen. Das soll heißen: »Der Herr ist mein Hirte.« Und ich würde das Bild ganz groß und dunkel malen, mit viel schwarz. Nur irgendwo zum Rand hin würde ich Platz lassen. Da würde ich Menschen hinmalen, die so aussehen wie die, denen ich das Bild schenke. Und Gelb und Grün und Rot würde ich dazumalen. Leuchtende und freundliche Farben, die sich zur Mitte mit dem Schwarz vermischen, aber die gerade darum so leuchten und so freundlich aussehen, weil sie sich von dem vielen Schwarz nicht wegdrängen oder aufsaugen lassen. An der Stelle, wo das Schwarz wie eine Woge über die helle Farbe und die Menschen zu stürzen droht, würde ich ein großes Kreuz malen. Damit jeder sieht: Wir alle leben in einer Welt voller dunkler Täler, die mit Unglück und Verlassenheit gefüllt sind. Aber wir leben mitten darin als glückliche und behütete Menschen, geschützt durch das Kreuz unseres Herrn.

Ich habe mir noch etwas anderes vorgestellt. Ich möchte auch ein GEDICHT finden, dessen Verse die Erfahrungen spiegeln, die ein Mensch mit dem 23. Psalm gemacht hat. Dieses Gedicht soll heißen: »Um seines Namens willen.« Und ich denke mir, daß es vielleicht so gehen könnte:

Der Herr versorgt mich.
Warum sollte ich mir Sorgen machen?

Er gibt mir Nahrung,
wenn sonst keiner meinen Hunger stillt.
Wenn alles andere mir zwischen den Fingern zerrinnt,
mit dem die Menschen mich abspeisen.
Er gibt das Wasser, das den Durst löscht.
Wo immer er mich hinführt,
er schenkt Glück und Ruhe.

Er gibt mir einen sicheren Schritt.
Er zeigt mir einen Weg
durch das Gewühl der Menschen,
durch die Flut der Lichter,
durch das Rauschen der vielen Stimmen.
Einen klaren Weg,
so gewiß es Gott ist, der mich führt,
um seines Namens willen.

Aber dann habe ich mir vorgestellt: Ich muß unbedingt auch eine GESCHICHTE erzählen. Dem, der den 23. Psalm zum Gerümpel legen möchte – vielleicht auch, weil er Bilder und Gedichte nicht mag –, dem möchte ich erzählen, was einer mit diesem Psalm erlebt hat. Dem möchte ich eine Geschichte schenken, die heißt: »Denn du bist bei mir.« Und diese Geschichte geht so:
Es war eine Frau. Die lag im Krankenhaus. Ein Mann kam zu ihr zu Besuch. Der sah, daß die Frau einen Kopfverband trug. Sie war erst vor ein paar Tagen operiert worden: Gehirntumor. Als die Frau den Mann sah, weinte sie. Und der Mann wußte nicht, was er sagen sollte. Er sagte kein Wort. Die Frau aber schluchzte und stammelte: »Gesund werden!« Dann weinte sie wieder.
Da merkte der Mann, daß die Frau große Angst hatte. Angst, die der Frau fast den Hals zuschnürte. Und sie sagte: »Ich werde noch gebraucht. Ich habe Kinder.« Und wieder weinte sie. Plötzlich fragte die Frau laut: »Warum?« Und der Mann wußte wieder nicht, was er sagen sollte, denn er wußte es auch nicht, warum gerade diese Frau so Schweres durchmachen mußte. Aber er wollte die Frau gern trösten, ihr sagen, daß doch das Schlimmste nun überstanden sei. Die Frau aber weinte weiter. Sie faßte sich an den Kopf, machte eine unmißverständliche Handbewegung und fragte dabei leise: »Ob ich ...?« Denn sie wußte von einem Fall, da war jemand geistig nicht wieder gesund geworden, nachdem er an einem Gehirntumor operiert worden war.
Der Mann sah, wieviel Angst die Frau hatte. Da sagte er: »Sie haben Angst, weil Sie nicht wissen, wie es weitergehen wird?!« »Ja«, sagte die Frau unter Tränen. Da fiel dem Mann der 23. Psalm ein, und er sagte auf einmal halblaut: »Und ob ich schon wanderte im finsteren Tal ...« Und da merkte er, daß die Frau weinend mitzu-

sprechen begann: »Fürchte ich kein Unglück, denn du, Herr, bist bei mir.« Da war die Frau auf einmal erleichtert, weil sie das hatte sagen können. Und die Tränen hörten auf.
Ob ich das Bild, das ich malen möchte, oder das Gedicht, das ich gefunden habe, nicht am besten einem Menschen schenke, der in seinem Leben so eine Geschichte erlebt hat? Aber jeder soll ja sagen können: Das habe ich auch schon erlebt, das will ich gerne glauben.

Darum habe ich mir vorgestellt: Ich will auch ein LIED singen. Ein Lied, bei dem jeder mitsingen können soll. Ein fröhliches Lied. Das soll heißen: »Du bereitest mir einen Tisch und schenkst mir voll ein.«
Ich habe dafür noch keine Noten. Aber ich stelle mir vor, daß man für dieses Lied unbedingt ein Schlagzeug braucht und drei Trompeter und daß die Melodie sehr hell und voll Rhythmus ist. So, daß jeder gleich mitsummen oder mitklatschen muß und uns die Melodie noch tagelang in den Ohren klingt. Und als Text soll dazugehören:

Jesus Christus lädt uns ein,
daß wir zu ihm kommen.

Jesus Christus lädt uns ein:
ob wir hoch sind oder niedrig,
ob wir arm sind oder reich,
ob schuldig oder unschuldig,
ob wir glauben oder meinen,
wir könnten es nicht.
Er sagt: Wer zu mir kommt,
den werde ich nicht hinausstoßen.

Jesus Christus lädt uns ein ...

Und nach dem Lied soll jeder sagen können: Ja, das habe ich schon gehört. Ja, das will ich gerne glauben. Nun kann ich verstehen, wenn einer sagt: Ich werde bleiben im Hause des Herrn immerdar.
Dann können alle alten Bilder von früher auf dem Dachboden bleiben und mit ihren Goldrahmen einstauben. Weil wir längst neue

Bilder haben und neue Lieder, neue Gedichte und neue Geschichten, die alle sagen, was das bedeutet: Der Herr ist mein Hirte, mir wird nichts mangeln ...

Man liebt doch das Leben
Friedrich Gölz

(Jesaja 38,9–13. 17–20)

Im Tagebuch des Schweizer Schriftstellers Max Frisch findet sich folgende kurze Notiz: »Heute fragte Ursel, unsere Sechsjährige, mitten aus dem Spiel heraus, ob ich gerne sterbe. ›Alle Leute müssen sterben‹, sagte ich hinter meiner Zeitung, ›aber gern stirbt niemand.‹ Sie besinnt sich. ›Ich sterbe gern!‹ – ›Jetzt?‹ sagte ich: ›Wirklich?‹ – ›Jetzt nicht, nein, jetzt nicht!‹ – Ich lasse die Zeitung etwas sinken, um sie zu sehen, sie sitzt am Tisch, mischt Wasserfarben. ›Aber später‹, sagt sie und malt mit stiller Lust: ›Später sterbe ich gern.‹« –

›Später gern‹, sagt das kleine Mädchen. Ob wohl auch der große König Hiskia, dessen Lied wir zuvor hörten, später gerne starb? Fünfzehn Jahre habe er nach seiner schweren Krankheit noch zu leben gehabt, heißt es.

15 Jahre kann eine grausam kurze Frist sein. 15, auch 30 und 50 Jahre können einem Menschen unter den Händen zerrinnen. Mancher würde viel darum geben, wenn er's für sicher wüßte: noch 15 Jahre. Manch anderem wäre das entschieden zu viel: *noch* 15 Jahre, so ein Leben.

Das kleine Mädchen weiß nicht um seine Frist. Es sagt: Später sterbe ich gern. ›Später‹, das heißt: noch lange nicht. Wenn ich alt sein werde. Wenn ich mein Leben gelebt haben werde. Nur: *Wann* hat man sein Leben gelebt? ›Jetzt doch noch nicht!‹, schreit der König. ›Später‹, sagt das kleine Mädchen: ›Wenn ich Kinder gehabt habe und einen Mann. Und Enkel vielleicht. Wenn ich keine Kraft mehr habe, dann sterbe ich gerne.‹

Aber der Tod läßt sich nicht einfach in eine ferne Zukunft verbannen. Er ist immer unheimlich nahe. Auch einem Kind. Denn es sterben auch Kinder. Es sterben Menschen, die ihr Leben doch noch gar nicht gelebt haben. – Darum kann mitten im Leben, sogar an einem schönen Sommermorgen, diese Frage aufwachen: Sterbe ich gerne? Wirst du gerne sterben?

Warum fragt das Mädchen seinen Vater? Ist es nur kindliche Neugierde? Oder ist für sie der Vater (der sich doch noch ziemlich jung und lebensvoll vorkommt) ein recht alter Mann? Er ist dem Tod näher. Also auch einer Antwort näher?

Eine Antwort hat das Kind womöglich schon gehört, von der Großmutter oder im Kindergarten: daß der Tod nur ein Tor zum Himmel sei, – daß die Menschen im Sterben heimkehrten zu Gott. Ja, wenn dahinter etwas so viel Schöneres käme, dann könnte man wirklich gerne sterben. Warum gibt der Vater dem Kind nicht *diese* Antwort? Warum legt er die Zeitung nicht weg? Muß er sich verstecken hinter den Blättern, die doch so viele Todesnachrichten enthalten? ›Alle Leute müssen sterben‹, sagte er. ›Aber gern stirbt niemand.‹ Eine Auskunft ist das; aber keine Antwort auf die Frage der Tochter.

Das läßt sie weiterdenken. Daß alle Leute sterben müssen, weiß sie. Aber wie wird der Vater damit fertig? Wie soll ich damit fertig werden? Wie geht das: daß ich ja sagen lerne zum großen Nein des Todes?

Der König Hiskia konnte nicht ja sagen. Er wird nicht fertig mit dem Tod. Er kann ja auch nicht mehr spielen mit dem Gedanken ans Sterben. Denn er liegt im Bett; krank ist er und hat erfahren: Du mußt sterben, jetzt – bald. Darum kann er nicht antworten: ›Ja, ich sterbe gerne!‹ Weil er nicht hinzufügen kann: ›später‹. Gern sterben kann man offenbar nur, wenn der eigene Tod weit genug entfernt ist. Oder: wenn einem das Leben so verleidet ist, daß man es nicht mehr lieb hat.

Dieser König aber hat das Leben lieb. Niemand soll sagen, das sei bei einem König kein Wunder: weil der ja alles habe, was das Herz begehrt. *Der* hier war in einer schier ausweglosen Lage: sein Königreich besiegt, sein Land besetzt, seine Politik gescheitert. Andere haben in solch einer Situation Selbstmord begangen. Er aber liebt das Leben zu sehr, um jetzt zu sagen: ›Ich sterbe gern.‹ Seine Liebe zum Leben hängt zusammen mit seinem Glauben. Das ist

merkwürdig. Denn viele fromme Menschen meinen, der Glaube helfe einem, nur nicht zu sehr am Leben zu hängen.
›Hiskia!‹, möchte man rufen, ›dir fehlt der Sinn fürs Höhere! Sonst würdest du dich nicht so gegen das Sterben wehren. Du kennst eben noch nicht die schönen Lieder, die wir bei Bestattungen singen: von Jerusalem, der hochgebauten Stadt, – von der Heimkehr des Christen ins ewige Vaterland. Du weißt eben noch nichts von der Auferstehung. Du lebst im *alten* Bund. Sonst würdest du ja sagen können, wenn du nun abgerufen wirst!‹
Er aber wehrt sich. Denn er hat das Leben, die Menschen nicht satt. Und er ist Gott nahe gewesen im *irdischen* Jerusalem. Im Tempel-Gottesdienst hat er nicht nur Nachrichten von Gott gehört, sondern hat seine Nähe, seine Gegenwart erfahren. Darum schreit und klagt er nun. Und dieses Schreien und Klagen ist in der Bibel auf- und ernstgenommen. Nicht nur diese eine Stimme, sondern hundert andere dürfen ausschreien und ausklagen, was viele Christen für unerlaubt halten: die Angst vor dem Tod.
Gottes Wort erlaubt uns, zuzugeben: Ja, ich habe Angst. Nein, ich sterbe nicht gern. Denn Gottes Wort lehrt uns, das Leben zu lieben.
»Nun muß ich gehen!« sagt der König. Er sagt's nicht heroisch wie ein Schauspieler, der seine Rolle zum rühmlichen oder zum tragischen Ende gespielt hat; er sagt's wie jemand, der plötzlich ganz und gar aus dem Konzept kommt. Er kann sich keinen Reim darauf machen. Gott und Tod: in vielen Liedern reimt sich das glatt. Hiskia, der König, kann sich's gar nicht zusammenreimen. Er singt nicht: Ein früher Tod bringt mich zu Gott. Er schreit: Im Tod trennt mich Gott vom Leben, von sich selber. Und das ist, wie wenn das Haus über einem zusammenbricht, – wie wenn ein Tier vom Löwen gerissen wird, wie wenn sich ein freier Vogel in einem engen, dunklen Raum verfängt. Wer will dann sagen: ›ich sterbe gern‹, wenn es heißt: Jetzt.
Der König der Juden schämt sich nicht seiner Tränen, seiner Angst. Und da ist keiner, der ihm das verbietet. Denn wer die Angst verbietet, der verbietet die Liebe zum Leben. – Die Bibel erzählt diese Geschichte so, daß man annehmen muß, der Prophet Jesaja habe diesem erschütternden Klagelied zugehört. Und der Prophet war darin ein rechter Seelsorger, daß er zuhörte. Er sprach nicht drein.

Und er lief nicht davon, obwohl so etwas wahrhaftig zum Davonlaufen ist.
Von vielen anderen Verzweifelten berichtet die Bibel. Zu einem kamen Freunde, die ihm Antworten anboten: kluge, richtige und fromme Antworten. Die beschwerten den Hiob nur noch mehr. Sie machten ihn nur noch verzweifelter.
Von einem dritten wird erzählt. Den nannten manche auch den König der Juden. Seine Freunde haben geschlafen oder sind davongerannt, als er weinte und seine Angst zugab. Denn sie hatten gemeint, in ihm sei Gott nahe. Und es konnte doch nicht sein, so dachten sie, daß da, wo Gott nahe ist, ein Mensch ganz verzweifelt. – So mußte Jesus ganz allein vollenden, was der König Hiskia einst anfänglich erlebte: die Überwindung der Angst. –
Wie wird die Angst überwunden? Beim König Hiskia fing es damit an, daß er es wagte, in seiner Angst DU zu sagen: »DU gibst mich preis, DU zerbrichst mich, DU hast das getan!« Und: »DU, laß mich wieder leben, weil Du doch ein Gott der Lebendigen bist!« – So ungereimt das schien: Von dem er das Leben empfangen hatte, von dem und keinem anderen wollte er den Tod annehmen. So ist der Schrecken nicht mehr namenlos. Er bekommt einen Namen, dieses trotzig verzweifelte DU.
Liebe Gemeinde, diese Überwindung der Angst läßt sich nun freilich nicht einfach beschreiben und zur Kenntnis nehmen. Wir müßten es selbst ausprobieren, so DU zu sagen: jeder in seinen Ängsten, seinen Nöten und Ungereimtheiten. ›Mein Gott‹ zu sagen zu dem, der einen offenbar im Stich läßt: DU führst mich ins Dunkel, DU sagst ›Jetzt!‹, wo ich meine ›Später!‹ DU, Gott des Lebens, begegnest mir in Not und Tod. Dazwischen aber und davor schenkst du mir etwas von dir, noch etwas Zeit zum Aufatmen und Aufleben.
Auch das andere müßte jeder für sich selbst ausprobieren: Wie es ist, wenn man den Rest seines Lebens empfängt als ein Geschenk. Das kann an einem schönen Morgen sein, wo mir's plötzlich in den Sinn kommt: Ist's nicht ein Wunder, daß ich noch leben, mich bewegen, mich freuen kann? Oder in einem Gottesdienst, wo wir merken, daß man nicht ein Leben lang ›Später‹ sagen kann. Wenn ein Kind uns, oder eine Todesnachricht, vor die Frage stellt: Stirbst du gerne? – Denn, nicht wahr, hinter dieser Frage steht ja nun die an-

dere: Wozu lebst du eigentlich? Wozu wirst du gelebt haben, wenn es bei dir, früher oder später, einmal heißt: Jetzt? Oder wenn es wie bei Hiskia, heißt: Noch einmal davongekommen. Wofür bist du so oft noch einmal davongekommen?
Ein paar Jahre später mußte der König dann doch sterben. Ob er ›später gerne‹ gestorben ist? – Er blieb ja wohl ein lebensbejahender, das Leben liebender Mensch. Die Jahre aber, die ihm noch geschenkt waren, hatten eine andere Qualität, – die Qualität unverdienten Überlebens. Nicht, daß der König auf einmal fromm wurde. Das war er immer schon gewesen. Aber er hatte nun den Gott der Lebendigen als den Retter aus Angst und Tod erlebt. Daß er noch lebte, war von jetzt an nicht mehr das Selbstverständliche, sondern ein erstaunliches Wunder. –
Wo jemand die schlichte Tatsache, daß er noch lebt, als ein Wunder begreift, da kann er seine Angst zugeben. Und da ist der Überwinder der Angst nahe. Ihn zu schauen, Spuren seiner Geduld in unserem Dasein zu entdecken, – dazu sind wir noch immer am Leben.
Wir sind ja keine Kinder mehr. Die haben das Leben, wie man so sagt, noch vor sich. Sie haben das Recht, ›Später!‹ zu sagen. Wir sind Überlebende: Überlebende von Kriegen und Krisen, von Unglücksfällen und Krankheiten. Und wer ein Überlebender ist, der sollte die Frage nach dem Tod nicht einfach auf ein Später verschieben. Er sollte eher fragen: Warum eigentlich nicht früher? Warum, wozu lebe ich noch?
Wozu? – Wenn's nach Hiskia geht, dann dazu, daß wir singen und klingen und den Kindern die Treue Gottes kundmachen. Diese Anweisung kann einen beschämen, wenn man zum Beispiel an den Weg unseres Volkes, unserer Kirche in den 30 Jahren seit dem Krieg denkt. Wovon pflegten denn da die Väter den Kindern zu erzählen? Von Gottes Treue oder von ihrer eigenen Tüchtigkeit und Richtigkeit? Oder wenn man an das eigene Leben denkt: seit wir zuletzt dachten – beim Arzt, im Flugzeug, auf der Autobahn, oder als wir nachts plötzlich aufwachten –: Jetzt könnte es soweit sein. –
Von einem kleinen Mädchen haben wir gehört, das seine bunten Wasserfarben mischt und dabei über den Tod nachdenkt. Und von einem großen König, dem es schwarz wird vor den Augen und kalt in den Gliedern vor der plötzlichen Nähe des Todes. Das Kind hat noch

viel Zeit. Darum kann sie sagen: ›Später!‹ Der König hat noch einmal Zeit bekommen. Diese neue, restliche Zeit war von anderer, wertvollerer Qualität als die Zeit zuvor. Was hätte der König wohl zu dem Mädchen gesagt, wäre sie *seine* Tochter gewesen, hätte sie *ihn* gefragt: ›Stirbst du gern, Vater?‹ – ›Nein‹, hätte er geantwortet, ›nein, ich habe Angst, je länger, je mehr. Aber ich habe auch das andere erlebt, daß Gott in meiner Angst dabei war und sich erbarmte. Darauf hoffe ich. Und so wird er mir vielleicht am nächsten sein, wenn meine Angst einmal am größten ist. – Bis dahin aber lebe ich so gerne noch eine Weile: bei dir und mit dir und vor ihm, mein Kind.‹

Die Chance der Bärenraupe
Michael Schwekendiek

(2. Korinther 12,9 f.)

Ich möchte Ihnen eine etwas ungewöhnliche Geschichte nach dem Motiv eines modernen deutschen Dichters erzählen. Die Geschichte von einer Raupe. Nicht etwa von einem dieser riesigen Baufahrzeuge, die man heutzutage an vielen Baustellen sieht, sondern von einer normalen kleinen Raupe – einem Tier, das Sie sicherlich alle schon einmal im Sommer in den Blättern der Bäume oder am Wegesrand gesehen haben; und zwar von einer Bärenraupe. Das sind die mit den vielen kleinen Haaren an ihrem Körper.
Es war an einem schönen Sommerwochenende. Unsere Bärenraupe kriecht langsam am Rande eines Weges entlang. Sie hat mächtigen Hunger! Nun macht sie eine kleine Kehrtwendung und steuert stracks auf eine Straße zu, eine Bundesstraße. Gerade setzt sie einen ihrer kurzen Stummelfüße auf den Rand der breiten asphaltierten Fahrbahn, da kommt ein Mensch auf sie zu. Sie erschrickt ein wenig und zieht sich zusammen. Der Mensch erscheint ihr riesig, riesig und stark. Ein Tritt von ihm genügte, und es wäre zu Ende mit ihr; doch er beugt sich zu ihr herunter und spricht sie an:
»Sag mal«, sagt er zu ihr, »du bist wohl verrückt! Du kannst hier

doch nicht rübergehen! Ein Meter höchstens, dann hat's dich erwischt. Siehst du die vielen Autos nicht? Zwanzig Stück in der Minute – Pkws, Laster, Busse.«
Nein, die Bärenraupe weiß nichts von Pkws, von Lastern und Bussen.
»Paß mal auf«, sagt der Mensch wieder zu ihr, »du mußt dich halt damit abfinden. Du bist eben auf dieser Seite der Straße geboren worden – das ist Pech, aber das mußt du schlucken.«
Hat er nicht recht, der Mensch, der in unserer kleinen Geschichte mit der Bärenraupe spricht? Die Chance, heil über die Straße zu kommen, ist ja in der Tat sehr gering. Es scheint sich wahrhaftig nicht zu empfehlen, aus dem natürlichen, vorgegebenen Lebensbereich auszubrechen. Nicht für die Raupe — und für uns?
Man müßte ihm mal die Meinung sagen, dem Vorgesetzten! -zigmal hat er einem schon einen besseren Posten in Aussicht gestellt. Nichts ist passiert. Man sollte ihm mal zeigen, daß man sich nicht alles gefallen läßt – aber unsereiner sitzt ja so und so immer am kürzeren Hebel ...
Jeder muß sich eben mit seiner Situation abfinden – oder?
»Du bist zu klein«, sagte der Mensch, »und vor allen Dingen zu langsam!« Die Bärenraupe aber sieht vor allem die andere Seite der Straße. Dort strotzt es nur so von saftigem Grün! Sie hat Lust auf Grün – und mächtigen Hunger! Man müßte hinüber. Zwanzig Autos in einer Minute. Bei einer halben Stunde Wegzeit gleich 600 Autos. 600 gegen einen – es lohnt sich nicht, oder?
Und wir? Wie schön es wohl wäre, wenn Ältere und Jüngere sich besser verstünden. Ob ich einfach mal hingehe zu den Eltern, mit Ihnen rede über meine Freundin? Ach, was soll's?! Was krieg ich zu hören? Werde du erst mal älter und reifer – und: Das ist doch nichts für dich! Nein, der Weg ist zu weit, die Entfernung schon zu groß. Ich glaube, es lohnt sich nicht – oder? ––– Und Sie? Doch, ich wollte schon immer mal mit meinem Sohn sprechen. Ich glaube, er hat irgendwelche Probleme. Aber will er das überhaupt? Wahrscheinlich läßt er gar nicht mit sich reden. Nein, ich glaube, es lohnt sich nicht ...
»Du schaffst es nicht!!! Sechs Meter Asphaltstraße; das ist nichts für eine Bärenraupe! Was bist du denn schon? Was bist du erst gegen so viele Autos? So gut wie gar nichts. Weniger noch. Eines der

kleinsten Tiere – wehrlos. Kein Panzer, keine schnellen Füße, kein scharfes Gebiß.« –

Das Grün! Die Bärenraupe sieht nur das Grün; sieht nicht die Pkws, die Laster, die Busse. Keine Chance für eine Bärenraupe ...

Wissen Sie, Herr Vikar, ich war lange nicht in der Kirche; ich kann nicht. Ich möchte gerne glauben, versuch es, aber ich hab zu viele Zweifel. Vielleicht bin ich zu schwach dazu. Und Nächstenliebe – sagen Sie mal ehrlich – lohnt sich das? Wie heißt das doch? Ich soll meinem Bruder auch noch die andere Wange hinhalten, wenn er mich auf die eine geschlagen hat. Ich weiß nicht ... Manchmal beneide ich Sie direkt – um Ihren Glauben, meine ich.

Und ich muß antworten: Das stimmt nicht ganz. Ich zweifle auch. Oft. Bin mir unsicher. Oder darf ich das als Theologe nicht? – Wir Schwächlinge!

Wie die Bärenraupe. Keine Chance. Sechs Meter Asphalt. Egal. Sie geht los. Geht los auf Stummelfüßen. Zwanzig Autos in der Minute. Geht los ohne Hast. Ohne Furcht. Ohne Taktik. Fünf Laster. Ein Schlepper. Ein Pferdefuhrwerk. Geht los und geht und geht und kommt an. – –

»Der Herr hat zu mir gesagt: Laß dir an meiner Gnade genügen, denn meine Kraft ist in den Schwachen mächtig. Darum bin ich guten Mutes in Schwachheit, denn wenn ich schwach bin, bin ich stark.«

Ein Wort für eine Bärenraupe? Ich glaube, eher ein Wort für uns. Vielleicht haben Sie das auch schon erlebt, liebe Gemeinde: das Gefühl, vor einer aussichtslosen Situation zu stehen, nicht mehr weiter zu können. Vielleicht haben Sie auch schon mal gedacht: es lohnt sich nicht. Es lohnt sich nicht, mit den Jüngeren zu reden – ich schaff' das einfach nicht mehr; so, wie ich es einfach nicht mehr schaffe zu glauben.

Wissen Sie, Christus ist auch zu denen hingegangen, die meinten, sie hätten nichts mehr zu sagen, die überall verneint wurden – gerade zu denen. Nicht zu den anderen, die meinten, sie würden schon alles allein schaffen. Und er hat sie ermuntert, nicht aufzugeben. Ich glaube nicht, daß wir dabei unser Leben riskieren müssen, wie die Bärenraupe, aber daß wir versuchen, zu unserem Leben ja zu sagen und daran zu arbeiten. Ich meine, es lohnt sich doch. Mit kleinen Schritten vielleicht nur – und doch können wir so »stark« werden.

Wir brauchen den Mut nicht zu verlieren; weil wir die Hoffnung haben dürfen, daß wir von einem Christus, der auch einen scheinbar aussichtslosen Weg ging, daß wir von diesem Christus, von seiner Liebe getragen werden. – –
Die Bärenraupe hatte es geschafft. Glück gehabt? Vielleicht. Aber sind wir nicht von vornherein viel besser dran als sie?

Den Anstoß zu dieser Predigt gab das folgende Gedicht von Rudolf Otto Wiemer:
Chance der Bärenraupe, über die Straße zu kommen

Keine Chance. Sechs Meter Asphalt.
Zwanzig Autos in einer Minute.
Fünf Laster. Ein Schlepper. Ein Pferdefuhrwerk.

Die Bärenraupe weiß nichts von Autos.
Sie weiß nicht, wie breit der Asphalt ist.
Weiß nichts von Fußgängern, Radfahrern, Mopeds.

Die Bärenraupe weiß nur, daß jenseits
Grün wächst. Herrliches Grün, vermutlich freßbar.
Sie hat Lust auf Grün. Man müßte hinüber.

Keine Chance. Sechs Meter Asphalt.
Sie geht los. Geht los auf Stummelfüßen.
Zwanzig Autos in der Minute.

Geht los ohne Hast. Ohne Furcht. Ohne Taktik.
Fünf Laster. Ein Schlepper. Ein Pferdefuhrwerk.
Geht los und geht und geht und geht und kommt an.

(aus: An jedem neuen Tag – Biblische Texte, Gebete, Betrachtungen, Heft 1. Hrsg.: Arbeitsgemeinschaft Missionarische Dienste, Stuttgart o. J., S. 4.)
Das Gedicht wurde vor der Predigt *nicht* verlesen.

Wie Herr X etwas von der Liebe Gottes erfuhr
Heinz-Dieter Knigge

(1. Johannes 4,7–16)

Er hatte noch ein wenig Zeit, bevor er losgehen mußte, um den Bus zu erreichen, der ihn zum Büro bringen sollte. Der Kaffeetisch war noch gedeckt. Herr X blätterte in der Zeitung, die gerade in den Briefkasten geworfen war. Das Radio lief, flotte Musik war zu hören, und auf die Zeitansage konnte er sich verlassen. Er dachte: Es ist gut, wenn man morgens nicht zu hetzen braucht. Herr X überflog die Überschriften. Er lächelte ein wenig über den Werbespruch eines Kaufhauses: »Wir hemmen den Preisanstieg«. Er kam zu den Todesanzeigen. Er überblickte die Namen der Verstorbenen: Gott sei Dank, niemand, den er kannte! Dann las er die neuesten Meldungen über die Entdeckungen von Massengräbern auf Zypern – gemordete Türken, gemordete Griechen, Frauen und Kinder. Er dachte: Hört denn das niemals auf?
Die flotte Musik im Radio war verklungen. Ein Mann sprach. Herr X, der in seiner Zeitung blätterte, hörte nur Wortfetzen, Satzfragmente. »Gott ist Liebe«, sagte die Stimme im Radio. Und: »Laßt uns einander lieben«. Und: »Gott hat seinen Sohn in die Welt gesandt, daß wir durch ihn leben sollen.« Der Mann am Kaffeetisch sah noch auf eine Meldung über einen Mordfall auf der dritten Seite seiner Zeitung. Dann verabschiedete er sich von seiner Frau. Dann stieg er in den Bus wie an jedem anderen Morgen.
Liebe Gemeinde! Die Botschaft von dem Gott, der Liebe ist und die Ermutigung zur Liebe untereinander – beides scheint zu der Wirklichkeit unseres Alltags nicht zu passen: Wortfetzen, Satzfragmente – so kommt es in unserer Erfahrung zu stehen. Es gehört schon Mut dazu, dennoch auf diese Botschaft zu hören, sich vielleicht sogar einzulassen auf das, was unser heutiger Predigttext sagt.

(Verlesung)

Herr X war in seinem Büro angekommen. Er hatte schon einige Stunden gearbeitet, Summen zusammengezählt und Rechnungen geschrieben. Es war nicht allzuviel zu tun heute. Er hatte Zeit, sich ein paar Gedanken zu machen. Er dachte an den Urlaub, der hinter ihm lag. Er dachte an seine Frau, die darunter litt, keinen Beruf zu haben. »Immer nur kochen und staubwischen und aufräumen – und wieder kochen, staubwischen und aufräumen«, sagte sie manchmal, »das macht mich kaputt. Es ist so sinnlos ...« Er dachte an die Kinder, die in der Schule waren; der Sohn schrieb jetzt wohl gerade sein Diktat. Hoffentlich würde er nicht wieder so viele Fehler machen! Herr X dachte auch an die Gespräche im Büro, an die Bemerkungen über Frauen, neue Autos und über die Fußballspiele vom Wochenende. Der tägliche Kleinkram fiel ihm ein, das Gerede über Kollegen, Kolleginnen und Vorgesetzte. Herr X erinnerte sich an die Stimme aus dem Radio heute morgen und daß sie gesagt hatte: »Gott ist Liebe.« Und der Mann dachte: Das stimmt doch nicht! Wie kann einer so etwas sagen? Und er sah vor sich die Bilder von den Massengräbern, vom Zugunglück in Zagreb, von der Schießerei in der Stadt. Die Welt müßte doch anders aussehen, wenn das stimmte, dachte der Mann. Aber sicher ist es ein schöner Gedanke, der dem einen oder anderen Menschen helfen kann, wenn er einsam ist oder traurig, wenn er Angst hat oder mutlos ist. Und plötzlich schoß Herrn X ein anderer Gedanke durch den Kopf, den er aufregend fand. Wahrscheinlich ist es immer so gewesen, dachte er, daß wenig von Gott und von Liebe zu spüren war in der Welt. Wahrscheinlich ist es immer so gewesen, daß Menschen zunächst einmal an sich dachten. Bei mir ist es ja eigentlich auch so. Aber vielleicht ist das ja gerade der Grund dafür, daß Menschen nicht aufhören, von Gott zu reden, von Jesus und von der Liebe. Überall ist die Angst so groß, daß wir zu kurz kommen. Und daher kommt doch die Selbstsucht, der Haß und der Krieg. Vielleicht, dachte der Mann in seinem Büro, brauchen wir gerade deshalb einen Gott, der Liebe ist, weil es die Massengräber gibt und den Streit, den verborgenen und offenen Kampf im Betrieb und oft auch in der Familie. Vielleicht brauchen wir gerade deshalb einen Gott der Liebe, damit die Sehnsucht nach Liebe in uns von neuem geweckt wird, damit wir den Mut zur Liebe zurückgewinnen, damit wir uns nicht damit abfinden, daß es Ausgestoßene und Abgeschriebene unter uns gibt, Haß und Massengräber.

Und Herrn X fiel in seinem Büro die Geschichte ein, die er seinen Kindern gestern abend vorgelesen hatte – die Geschichte von dem Herrn Nein, der so hieß, weil er nur nein sagen konnte: Einmal ging Herr Nein zum Kaufmann. »Guten Tag.« Herr Nein wollte ein Brot kaufen. »Wollen Sie ein Brot kaufen?« fragte der Kaufmann. »Nein«, sagte Herr Nein. Herr Nein wollte auch Butter kaufen. »Wollen Sie auch Butter kaufen?« fragte der Kaufmann. »Nein«, sagte Herr Nein. »Dann kann ich Ihnen leider nichts verkaufen«, sagte der Kaufmann. Und Herr Nein ging traurig nach Hause, denn er tat immer das Gegenteil von dem, was er wollte: Er hatte Hunger, doch er warf die Schüssel mit den Kartoffeln zur Erde. Er hatte Durst, doch sein Glas fiel zu Boden. Er wollte sein Lieblingsbuch lesen, doch er zerriß es in Fetzen. Er wollte schlafen, doch er kippte seine Wasserkanne aufs Bett. – Eines Tages klopfte es an seine Tür. »Ist Herr Nein drinnen?« fragte eine Stimme vor der Tür. »Nein«, sagte Herr Nein. Doch da öffnete sich die Tür, und ein schönes Mädchen kam herein. Es fragte Herrn Nein nichts mehr. Es packte seinen Korb aus. Da waren schöne Sachen drin, Brot und Butter und Wurst. Das Mädchen deckte den Tisch. Und Herr Nein setzte sich zu ihr. Sie aßen und tranken, und schließlich fragte das Mädchen Herrn Nein: »Soll ich wiederkommen?« Und da sagte Herr Nein: »Ja.«

Herr X schmunzelte hinter seinem Schreibtisch über diese Geschichte. Sie fügte sich ein in seine Gedanken, in die Bilder vom Zugunglück und von den Massengräbern – und er hörte die Stimme aus dem Radio, die von der Liebe Gottes sprach, die in dem Menschen Jesus zu uns gekommen ist. Und Herr X dachte: So ist es wohl, daß wir immer wieder einen brauchen, der bei uns anklopft und der sich nicht abweisen läßt, obwohl wir ihn nicht hereinlassen wollen zu uns. So ist es wohl, dachte Herr X, daß wir einen brauchen, der immer und immer wieder versucht, aus einem Herrn Nein einen Herrn Ja zu machen.

Am Nachmittag, als der Mann aus dem Büro nach Hause kam, freute er sich über das, was er in dem Religionsheft seines Sohnes las. Der Junge hatte geschrieben: »Ich weiß, daß der liebe Gott die Welt und alle Vögel und Tiere und Pflanzen geschaffen hat – aber das Beste, was er gemacht hat, bin ich.« Der Vater freute sich über den strahlenden Sinn dieses Satzes so sehr, daß er sich über die vielen Rechtschreibfehler diesmal nicht ärgerte. Er dachte: Wer so ja sagen kann zu sich selber, der wird auch ja sagen können zu anderen Menschen, bei dem ist die Liebe Gottes, für einen Augenblick jedenfalls, zu ihrem Ziel gekommen.

Herr X schlief nicht schnell ein am Abend. Er mußte noch lange

nachdenken über diesen alltäglichen Tag, an dem scheinbar so gar nichts Besonderes geschehen war. Und doch hatte er das Gefühl, daß sich ein winziger Spalt jenes Vorhangs geöffnet hatte, der uns vom Ursprung unseres Lebens trennt. Herr X ahnte etwas von der verborgenen Liebe Gottes, die sich hinter den oftmals so bedrängenden Erfahrungen des Alltags versteckt und die dennoch Spuren in unser Leben zeichnet.
Liebe Gemeinde! Wir können diese Spuren entdecken. Wir können selbst eine Spur der Liebe Gottes sein. Herr X hat viele Namen. Vielleicht trägt er meinen Namen. Vielleicht trägt er Ihren.

(Als »Versatzstücke« wurden benutzt:
Die Erzählung: Herr Nein, von Heinrich Hannover in: Das Pferd Huppdiwupp, rororo-rotfuchs 5, Hamburg 1972, S. 43–45, und das, was Torsten über Gott schreibt – in: Wer hat den lieben Gott auf die Welt gebracht? – Gottesvorstellungen von Kindern, hgg. v. Robert Weil, GTB 86, Gütersloh 1974).

Lieben Sie Ihre Frau?
Ludolf Ulrich

Es gab Krach in der Familie. Ein heftiger Wortwechsel zwischen Vater und Mutter. Die Kinder stumm dabei. Heimlich stiehlt sich die Zwölfjährige davon, läuft zu einer Telefonzelle und wählt die Nummer der Eltern. Zu Hause hört der Vater überrascht, wie sich eine Mädchenstimme meldet: »Guten Tag, ich bin Reporterin und mache eine Umfrage für eine Illustrierte – lieben Sie Ihre Frau?« Der Vater – völlig verdutzt – zögert lange: »Ja, hm, natürlich!« Dann ruft er: »Helga, komm doch mal!« Die Mutter erkennt auch erst nach einer Schrecksekunde die Stimme ihrer Tochter: »Verzeihen Sie, ich mache eine Umfrage, lieben Sie Ihren Mann?« »Ja«, sagt sie völlig verwirrt. »Danke!« ruft die kleine Stimme am andern Ende der Leitung ... »Jetzt brauche ich erst einmal einen Kaffee«, seufzt der Vater.
Man kann sich vorstellen, daß ihm nicht danach zumute war, in die-

ser Situation gerade diese Frage zu beantworten. Nein, das war eine echte Überrumpelung. Aber beide Eltern mußten mitspielen. Vielleicht wurde ihnen in diesem Moment erst bewußt, daß sich die Auseinandersetzung vor den Ohren der Kinder abgespielt hatte. Es stand wohl auch noch mehr auf dem Spiel. Denn was hätte es bedeutet, wenn einer von beiden auf die Frage »Lieben Sie Ihre Frau?«, »Lieben Sie Ihren Mann?« mit »Nein« geantwortet hätte!

Ich muß gestehen, mich hat dieses kleine Ereignis ziemlich beeindruckt. Das Mädchen hatte eine Idee. Scheinbar einfältig und schnell zu durchschauen. Aber diese Idee hat die kritische Situation sichtbar verändert. Ihre ganze Phantasie ließ die Zwölfjährige spielen, als sie in die Rolle einer Reporterin schlüpfte.

Manchmal wünschte ich mir, ich hätte solche Phantasie, eine lösende Idee, wenn zwei Personen in meiner Gegenwart verbissen miteinander streiten. Dabei glaube ich, daß wir alle Phantasie haben: der eine entwickelt sie beim Fotografieren, der andere beim Erzählen, wieder andere beim Feiern. Aber in unseren Konflikten? Da, wo ein heftiges Wort das andere gibt? Da verengt sich der Horizont. Unsere Aggressionen nehmen uns die Lockerheit, ja, sie drohen, alle Phantasie zu blockieren.

Mich läßt nicht los, daß die Frage des Kindes: »Lieben Sie Ihre Frau?« so mitten in den Streit hineinplatzt. Also in den Augenblick hinein, wo sich das Gesicht des anderen so leicht in das Gesicht des Feindes zu verzerren droht. Und wo wir schnell vergessen, daß sich hinter dem Gesicht ein Mensch verbirgt, der trotz allem, was im Augenblick dagegen spricht, auf Liebe angewiesen ist.

Manchmal wünschte ich mir, mitten in den oft notwendigen Auseinandersetzungen diese Stimme zu hören: »Lieben Sie diesen Menschen?« Ich könnte mir denken, daß ich dann lockerer würde. Vielleicht fände ich dann die lösende Idee, die es uns ermöglicht, wieder Schritte aufeinander zuzugehen. Warum sollte diese Phantasie, die Konflikte löst, nur den Kindern vorbehalten bleiben?

Situationen der Liebe
René Leudesdorff

(1. Korinther 13)

Sprecher I
Paulus an die Korinther (1. Kor. 13)

Sprecher II
Ohne die Liebe hat alles andere keinen Wert. Ich kann dann wohl die schönsten Worte machen, ich kann sogar in himmlischen Sprachen reden wie die Engel und bin doch nicht mehr als ein dröhnender Gong oder eine schrille Glocke. Ich kann dann wohl göttliche Eingebungen haben und alle Geheimnisse Gottes kennen. Ich kann den Glauben haben, der Berge versetzt. Ohne die Liebe bin ich doch nichts. Ich kann mein ganzes Eigentum an die Hungrigen verteilen und sogar den Tod durch Verbrennen auf mich nehmen. Ohne die Liebe nützt es mir nichts.

Sprecher I
Also kann man über die Liebe eigentlich gar nicht reden, ohne selbst unredlich zu werden. Liebe will bewahrheitet sein. Das können wir aber heute morgen am Mikrophon wiederum nur in Worten ausdrükken, und mehr nicht.

Sprecher II
Das ist unsere Schwierigkeit. Deshalb soll von Situationen der Liebe die Rede sein, von Situationen, in denen sie bewahrheitet und in denen sie verraten wird. Beginnen wir mit der ersten Situation der Liebe: Liebe überwindet Feindschaft.

Sprecher I
Der englische Schriftsteller Malachi Whitaker erzählt, wie in England während des Krieges an einem Novembermorgen zwei Menschen sich einem Bauerngehöft nähern, der eine ein wachhabender Vorarbeiter, der andere ein deutscher Kriegsgefangener. Sie kommen mit einem sonderbaren Anliegen. Der Vorarbeiter bittet das alte Bauernehepaar um eine Mandoline, von der er als Bekannter weiß, daß sie sich im Haus befindet. Ein Kamerad des Deutschen,

der selbst Klavier spielt, soll am nächsten Sonntag bei einem Konzert der Kriegsgefangenen auf der Mandoline spielen.

Sprecher II

Nachdem der Wachhabende die Bitte vorgetragen hat, läßt er den Deutschen mit den Bauern allein. Es folgt eine lange, wortlose Stille. Schließlich fragt der Bauer den jungen Soldaten: »Was tun Sie in Deutschland?« »Ich bin Lehrer.« »Mein Sohn will – wollte auch Lehrer werden.« »Der, der Mandoline spielte«, fiel die Frau ein. »Unser Godfrey.« »Ihr Sohn?« fragte der Deutsche. »Ja. Er ist gefallen«, sagt der Bauer, »in Deutschland.«

Sprecher I

Und wieder ein langes Schweigen. Dann fordern die alten Leute den Gefangenen auf, ins Wohnzimmer zu kommen. Dort steht ein Klavier, Noten darauf, ein Walzerpotpourri von Strauß. »Spielen Sie das«, fordert die Frau ihn auf. Und zögernd, mit Fehlern, beginnt er, Seite um Seite aus dem Notenbuch abzuspielen.

Sprecher II

Die Bauersfrau macht ihm Kaffee. »Da, trinken Sie. – Sie werden auf Godfreys Mandoline gut achtgeben? Er spielte sie. Er spielte auch Klavier. Wir haben es für ihn gekauft. Aber jetzt ist er tot: Der Krieg!« Der Bauer hat inzwischen den schwarzen Kasten vom Obergeschoß geholt und übergibt ihn dem Kriegsgefangenen. Der bedankt sich für den Kaffee, das Klavier und die Mandoline. »Kommen Sie wieder Klavier spielen«, sagt die Frau. Und während er hinausgeht, sucht der junge Mann nach einem Bild von Godfrey, nach einem Zeichen für dessen Tod. Aber er findet nichts; Godfrey scheint noch zu leben: in der Küche, im Wohnzimmer, am Klavier, ja sogar in der Art, wie er selbst die Mandoline trägt ...

Sprecher I

Ihr wißt, daß es hieß: Liebe deine Freunde, hasse deine Feinde. Ich aber sage euch jetzt: Ihr sollt eure Feinde lieben und für die beten, die euch schlecht behandeln. So werdet ihr zu Gottes Kindern. Denn er läßt die Sonne auf böse wie auf gute Menschen scheinen, und er läßt es regnen auf Fromme und Unfromme.

Sprecher II

Warum erwartet ihr von Gott eine Belohnung, wenn ihr nur die liebt, die euch auch mögen? Das bringen sogar die Steuereintreiber fertig. Was ist denn Besonderes daran, mit Leuten zu reden, die man mag? Das tun auch die, welche nicht an Gott glauben. Ihr aber, ihr sollt so vollkommen sein wie euer Vater in der Höhe.

Liebe überwindet Feindschaft. Feindschaft zwischen einzelnen, zwischen Gruppen und zwischen Völkern. Ohne Liebe gibt es keine Gerechtigkeit – und ohne Gerechtigkeit keine Liebe. Wie wenig in einer Situation des Hasses der Unterdrückten gegen ihre Peiniger der gutgemeinte Appell an Menschlichkeit und Gerechtigkeit ausrichtet, schildert der polnische Schriftsteller Tadeusz Borowski.

Sprecher I

Sie erwischten ihn im Block der deutschen Kapos, gerade in dem Augenblick, als er das Bein über die Fensterbank schwingen wollte. Wortlos zogen sie ihn herunter und schleppten ihn, schnaufend vor Haß, hinaus auf einen seitlichen Lagerweg. Dort, von der schweigenden Menge dicht umkreist, schlugen unzählige gierige Hände auf ihn ein.

Sprecher II

Auf einmal wurden vom Lagertor her warnende Rufe von Mund zu Mund weitergegeben. Bewaffnete Soldaten liefen über die Hauptstraße, wichen den kleinen Gruppen von Insassen aus, die überall im Lager herumstanden. Die Menge vor dem Häuschen der deutschen Kapos stob auseinander und verschwand in den überfüllten, stinkenden und lauten Baracken.

Sprecher I

An der Tür einer Baracke entstand plötzliches Gewimmel, ein sehr junger amerikanischer Offizier kam herein und überflog mit den Augen freundlich die Pritschen und Tische. Ein Dolmetscher im Zivilanzug mit der gelben »Interpreter«-Binde am Arm und der Vorsitzende des Häftlingskomitees begleiteten ihn. Die Männer im Block verstummten, hoben die Augen von ihren Töpfen, Schüsseln und Tellern und sahen den jungen Offizier aufmerksam an.

Sprecher II

»Gentlemen«, sagte der Offizier und nahm den Helm ab, und der Dolmetscher übersetzte sogleich Wort für Wort. »Ich weiß, daß Sie nach allem, was Sie erlebt haben, Ihre Henker zutiefst hassen. Wir, Soldaten aus Amerika, und Sie, Männer aus Europa, haben gemeinsam dafür gekämpft, daß das Recht über das Unrecht siege. Wir müssen das Recht achten. Nehmen Sie zur Kenntnis, daß alle Schuldigen bestraft werden, sowohl in diesem Lager wie auch in allen anderen. Schon jetzt werden zum Beispiel die gefangenen SS-Männer als Leichengräber verwendet.«

Sprecher I

»Tatsächlich«, sagte einer der Männer auf der unteren Pritsche leise. »Man könnte sie hinter das Spital auf den kleinen Platz schaffen. Alle haben sie noch nicht weggebracht.« »Oder in einen der Keller«, antwortete flüsternd ein zweiter. »Haltet die Klappe! Habt Ihr es denn so eilig? Hört, was der Offizier sagt«, meldete sich mit gedämpfter Stimme ein dritter, der quer auf derselben Pritsche lag.

Sprecher II

»Kollegen! Der Commander gibt euch sein Ehrenwort, daß alle Lagerverbrecher, sowohl die unter den SS-Männern als auch die unter den Häftlingen, gerecht bestraft werden«, sagte der Dolmetscher. Von allen Pritschen ertönten Rufe und Beifall. Jeder versuchte, durch Lachen und Gesten dem jungen Mann aus Übersee seine Sympathie zu bekunden. »Deshalb bittet euch der Commander«, sprach der Dolmetscher weiter, »Geduld zu haben und kein Unrecht zu begehen, weil sich das nur an euch selbst rächen würde, sondern die Halunken der Lagerwache zu übergeben, sonst nichts. Einverstanden?«

Sprecher I

Der Block antwortete mit einem langen einstimmigen Schrei. Der Commander wünschte den Häftlingen eine angenehme Ruhe und baldiges Wiedersehen mit den Lieben. Begleitet vom freundschaftlichen Gemurmel der Männer verließ er den Block und ging in den nächsten.

Sprecher II

Erst als er alle Baracken hinter sich hatte und in Begleitung seiner Soldaten in der Kommandantur verschwunden war, zerrten wir jenen Mann von der Pritsche, auf der er, mit Decken zugedeckt und mit unseren Körpern abgeschirmt, geknebelt, das Gesicht tief in den Strohsack gedrückt, gelegen hatte, schleppten ihn auf den Betonboden vor dem Ofen und trampelten ihn dort unter wütendem, haßerfülltem Schnaufen der ganzen Baracke zu Tode.

Sprecher I

Verurteile nicht andere, damit Gott dich nicht verurteilt. Dein Urteil wird auf dich zurückfallen, und du wirst nach denselben Maßstäben gemessen, nach denen du die anderen beurteilt hast. Warum starrst du so auf den Splitter im Auge deines Bruders und bemerkst nicht den Balken in deinem Auge? Wie kannst du es wagen, deinem Bruder zu sagen: Komm her, ich will dir den Splitter aus dem Auge entfernen – wenn du selbst einen ganzen Balken in deinem Auge hast? Du Scheinheiliger, zieh dir erst den Balken heraus, dann allenfalls kannst du dich um den Splitter im Auge deines Bruders kümmern..

Sprecher II

Ohne Gerechtigkeit keine Liebe – ohne Liebe keine Gerechtigkeit. Doch Appelle richten wenig aus, wenn nicht der einzelne sich durchringt, das zu opfern, worauf er einen Anspruch zu haben meint. Und wenn es nicht immer wieder Beispiele solchen Handelns gibt. Dann aber kann sich zeigen, daß Liebe nicht nur Feindschaften überwindet, sondern daß sie buchstäblich vom Tode zu retten vermag. Der französische Schriftsteller Henri Bordeaux schildert das in einer Erzählung.

Sprecher I

Der Landarzt Doktor Brunoy begleitet seine beiden Berufskollegen zur Tür. Er hatte sie heute, am 24. Dezember, aus der vier Stunden entfernten Stadt in sein abgelegenes Bergdorf gerufen, und sie waren per Schlitten gekommen. Aber die Hoffnung, die er an ihren Besuch geknüpft hatte, ist ihm nun von ihnen genommen: Jean, sein einziges Kind, an Diphterie erkrankt, wird in wenigen Stunden sterben. Die Serumspritzen haben nicht geholfen.

Sprecher II

Während er nun mit seiner Frau am Bett des Jungen sitzt, den Tod des Kleinen erwartend, klingelt es draußen. »Ich will niemand sehen, Mariette«, läßt der Arzt das Dienstmädchen wissen. Doch der Besucher läßt sich nicht fortschicken. Es ist der Bauer Rivaz aus dem zehn Kilometer entfernten Roselande. Sein Sohn ist krank. »Ich komme morgen«, sagt der Arzt. »Ohne Sie wird er die Nacht nicht überleben«, antwortet der Bauer. Und nun beginnt ein Zwiegespräch, ein Ringen zwischen den beiden Vätern: »Ihren Buben werden Sie heilen.« »Nein, mein Bub ist verloren.« »Meiner noch nicht.« »Morgen früh werde ich kommen.« »Dann ist es zu spät.« »Laßt mich die Augen des Kleinen schließen.« »Aber wenn Sie ihm doch nicht mehr helfen können?« »Solange mein Kind noch lebt, verlasse ich es nicht.« »So werden also zwei sterben.« Jetzt fragt der Arzt nach den Symptomen der Krankheit. Es sind dieselben wie bei seinem Sohn; aber noch scheint Rettung möglich. Und da entschließt sich Dr. Brunoy mitzukommen.

Sprecher I

Seine Frau kann den Entschluß nicht begreifen und macht ihm bitterste Vorwürfe. Er sagt nur: »Ich muß.« Und nimmt Abschied von dem sterbenden Kind.

Sprecher II

Ohne ein Wort zu sprechen, fahren beide Männer im Schlitten nach Roselande. Dort behandelt der Arzt den schwerkranken Jungen. Er denkt, ihn retten zu können. »Morgen komme ich wieder.« Der Bauer bringt ein Goldstück, ein Erbstück seiner Mutter. Doch der Arzt sagt: »Nein, mein guter Rivaz, niemand könnte mir den Gang bezahlen, den ich in dieser Nacht getan habe.«

Sprecher I

Und schweigend fahren sie durch die Christnacht zurück. Unterwegs grüßen die zur Christmette fahrenden Bauern sie mit einem alten Weihnachtslied: »Geboren ist das göttlich Kind. O freut euch, ihr Menschen all.« Und sie rufen den beiden eine gesegnete Weihnacht zu.

Sprecher II
Jean, der kleine Sohn des Arztes, ist tot, wie er heimkehrt. »Du warst nicht hier«, seufzt seine Frau. Aber die Kraft seiner Entscheidung, dem andern Kind das Leben zu retten, wird nun beiden helfen, neuen Mut zum Leben zu finden.

Sprecher I
Glücklich, die sich arm wissen: ihnen gehört das Gottesreich.
Glücklich, die traurig sind: sie sollen getröstet werden.
Glücklich, die hungern und dürsten nach dem Recht: sie sollen satt werden.
Glücklich die Hilfsbereiten: sie werden Hilfe finden.
Glücklich, die ein reines Herz haben: sie werden Gott sehen.

Sprecher II
Glücklich, die Frieden stiften: sie werden Gottes Familie sein.
Glücklich, die verfolgt werden, weil sie das Rechte tun, ihnen gehört das Gottesreich.

Sprecher I
Das hingeben, worauf man ein Recht hat, darin besteht die Liebe. Im Leben geschieht das tausendmal. Auf dieses und jenes verzichtet eine Mutter, ein Freund, ein Berufskollege. Sie verzichten auf eigene Zeit, auf Nervenkraft oder Geld, jedenfalls auf ein Stück Selbstverwirklichung um des andern willen – wenngleich solcher Verzicht auch seinen eigenen Gewinn in sich trägt.

Sprecher II
Nur selten wird einem das höchste Opfer abverlangt: das eigene Leben. Und noch seltener wird es freiwillig gegeben. Das ist gleichsam die letzte, die größte Situation der Liebe.

Sprecher I
Im September 1970 stand ich an einem sonnigen Vormittag im früheren Konzentrationslager Auschwitz am Block elf, dem sogenannten Todesblock, wenige Meter von jener Todeswand entfernt, an der zwischen 1941 und 1945 allein 20000 Menschen erschossen worden sind. Und ich wunderte mich: Im Lichtschacht eines der Kel-

lerfenster lagen viele herrliche Gladiolen. »Warum liegen diese Blumen hier?« fragte ich Tadeusz Szymanski, den stellvertretenden Leiter des Auschwitz-Museums. »Hier ist die Dunkelzelle, in der neben unzähligen Häftlingen auch Pater Kolbe starb. Er war für viele Menschen im Lager ein Halt, ein Trost in ihrer verzweifelten Situation.« Und Tadeusz Szymanski, selbst einstmaliger Häftling, berichtet davon, wie Pater Kolbe eines Tages davon hörte, daß am Abend auch ein Familienvater hierhergebracht werden sollte, zusammen mit vielen anderen, einer, der selbst schon sehr schwach und dem Tode nahe war. Pater Kolbe meldete sich freiwillig, für ihn mit den anderen die Nacht zuzubringen. In der überheizten, mit Menschen vollgestopften Zelle, in die nur durch winzige Löcher an einem wie ein Brausenkopf verschlossenen Rohrende ganz wenig Luft durchkam, sind in dieser Nacht – wie in fast jeder Nacht – alle bewußtlos geworden und mehr als die Hälfte gestorben. Darunter Pater Kolbe. Er hat sich für seinen Mithäftling geopfert.

Sprecher II
Pater Kolbe ist 1971 von der katholischen Kirche seliggesprochen worden.

Sprecher I
Paulus an die Korinther:

Sprecher II
Die Liebe ist geduldig und freundlich. Die Liebe kennt keinen Neid, keine Eifersucht und keinen Stolz. Die Liebe ist nicht taktlos, egoistisch oder reizbar. Die Liebe ist nicht nachtragend. Die Liebe freut sich nicht über das Unrecht. Sie freut sich über die Wahrheit. Die Liebe gibt niemals auf. Ihr Glaube, ihre Hoffnung und ihre Geduld versagen nie.

Sprecher I
Die Liebe hört niemals auf. Das Künden göttlicher Botschaften hat ein Ende. Das Reden in überirdischen Sprachen ist einmal vorbei. Die Einsicht wird vergehen. Wir kennen nur Halbheiten. Was wir verkünden, ist unzulänglich. Aber wenn das Vollkommene erscheint, werden die Halbheiten verschwinden.

Sprecher II

Als ich ein Kind war, redete, fühlte und dachte ich wie ein Kind. Jetzt bin ich ein Mann. Ich habe das Kindliche abgelegt. Wir sehen jetzt nur ein verschwommenes Bild wie in einem Spiegel. Später stehen wir den Dingen direkt gegenüber. Jetzt kenne ich nur Halbheiten. Später werde ich alles wissen. So wie Gott alles über mich weiß.

Sprecher I

In der Zwischenzeit bleiben uns drei Dinge: Glaube, Hoffnung und Liebe. Die Liebe ist das Größte von ihnen.

Sprecher II

Marie Luise Kaschnitz:

Sprecher I

Verlangen wirst du, daß wir, die Lieblosen dieser Erde,
Deine Liebe sind,
Die Häßlichen deine Schönheit,
Die Ratlosen deine Ruhe,
Die Wortlosen deine Rede,
Die Schweren dein Flug.

Jeder wird wissen, daß dieses von ihm erwartet wird,
Etwas, wogegen Atombomben ein Kinderspiel sind.
Und aufbegehren wird er und sagen, wie kommen wir dazu.
Und sagen, wie häßlich es ist, erwachsen zu werden.
Und aufzubleiben in der Nacht, allein.

Aber jeder wird wissen: dies ist dein letztes Geheimnis.
Dein Fernsein deine Nähe,
Dein Zuendesein dein Anfang,
Deine Kälte dein Feuer,
Deine Gleichgültigkeit dein Zorn.

Und einiges wirst du bisweilen beweglich machen,
Schneller als deine Maschinen und künstlichen Blitze,
Überflügeln werden sie ihre Angst.
Fahrende werden sie sein, Freudige.

Im Fahrstuhl beten?
Ludolf Ulrich

Ein Bekannter erzählte mir, er sei an jenem Montag wie täglich mit dem Aufzug vom 7. Stockwerk aus nach unten gefahren, um zur Arbeit zu gehen. Der Fahrstuhl wie immer um diese Tageszeit vollgestopft mit Leuten. Die meisten wollten ebenfalls zur Arbeit. Da in diesem Hochhaus kaum einer den anderen kennt, pflegt selten einer zu sprechen. Die Blicke sind auf den Boden gerichtet. Mitten in der dichtgedrängten Gruppe steht eine Mutter mit einem 3jährigen Kind. Sie hatte das Mädchen in der letzten Zeit öfter mit in die Kirche genommen. Nur so läßt sich erklären, daß die Kleine plötzlich in das Schweigen hineinkräht: »Laßt uns beten!«
Alles lacht. Die Leute amüsieren sich – auch noch, als sich die Aufzugtür zum Parterre hin öffnet. Man nickt sich zu, einige gehen noch ein Stück zusammen. – Solche Erfahrungen gehören ja nicht zu den schlechtesten im Alltag: Kleine Kinder schaffen in ihrer Unbefangenheit Kontakte zwischen Erwachsenen, die sich sonst angeschwiegen hätten – im D-Zug-Abteil, im Wartezimmer des Arztes oder eben im Fahrstuhl. Lassen Sie uns hier noch ein bißchen weiterdenken. Ist es wirklich so, daß das Kind zwei ganz verschiedene Dinge durcheinanderbrachte? Hat das Beten nichts mit Aufzügen zu tun, in denen die Leute sich anschweigen? Ich meine, daß unser Glaube zu tun hat mit Hochhäusern, in denen die Menschen zunehmend vereinsamen. Ich glaube auch, daß er etwas zu tun hat mit dem Aufbruch zur Arbeit, dem Weg durch die Stadt und den Entscheidungen, die heute zu treffen sind!
Das Kind hat unbewußt und ganz naiv zusammengebracht, was zu Unrecht ständig auseinanderfällt: das Beten und die Erfahrungen des Alltags.
In dem Gebetbuch des Franzosen Michel Quoist ist beides ganz eng miteinander verbunden. Die alltäglichsten Dinge werden zu einem Gebet. Nach der Begegnung mit einem Jugendlichen heißt es da: »Herr, dieser Bursche tut mir leid, ebenso wie alle Einsamen. Laß mich so zu ihnen reden, daß ich ihre Einsamkeit breche. Ich will mein Haus zugänglich und einladend machen.« – »Herr, ich habe ein Selbstgespräch geführt und nicht Zwiesprache gehalten«,

schreibt er nach einem Telephongespräch. Und angesichts der belebten Straße, durch die die Leute hasten: »Herr, sie kommen nie ans Ziel, denn es fehlt ihnen an Zeit; ich bitte dich, in der Zeit, die du mir gibst, gewissenhaft das zu tun, was *du* willst, das ich tun soll«.
In diesen Gebeten durchdringen sich Glaube und Alltag. Das Erlebte, auch das Unscheinbare, wird vor Gott durchgesprochen. Da tritt einer aus seiner Zuschauerhaltung heraus. Er wird nachdenklicher, dankbarer und verantwortlicher.
Das Kind, von dem ich am Anfang erzählte, hat mich nicht nur zum Lächeln, sondern auch zum Nachdenken gebracht. Könnten nicht auch die Gesichter, die sich uns zuwenden, die Gespräche mit den Kollegen, die Entscheidungen, die wir im Betrieb zu verantworten haben, die Probleme unserer Kinder – könnte dies alles nicht Inhalt unserer Gebete werden? Mir scheint, wer sich hierin übt, lernt genauer sehen und bewußter leben.

Über Gott und die Welt geredet
Erhard Domay

Durch die Taufe seiner kleinen Tochter hat ein junger Mann wieder Kontakte zur Kirche bekommen. Der 29jährige technische Angestellte hatte der Kirche bisher distanziert gegenübergestanden. Vorübergehend hatte er andere Sorgen gehabt. Er mußte sich in der Fabrik seine Stellung erkämpfen, und weil er ein Gespür für soziale Gegebenheiten hatte, belastete er sich immer wieder bis in seine Feierabende hinein mit den Problemen der Arbeiter und Angestellten. Für ihn waren zum Beispiel »Mitbestimmung« oder »Gastarbeiter« keine Schlagzeilenwörter, sondern Wörter, die für Situationen standen, in denen Menschen Unrecht zu leiden hatten.
Im Taufgottesdienst waren moderne Chorsätze vorgespielt worden.* Sie reizten ihn dazu an nachzuprüfen, inwieweit denn noch die

* Hans Georg Bertram: »Messe vom gottseligen Geheimnis« für 4- bis 6stimmigen Chor a cappella.

Form kirchlicher Aussagen der wünschenswerten Praxis entsprach. Gelegentlich besuchte er auch andere Gottesdienste. Und eines Tages bot er dem Pfarrer seine Mitarbeit in einer Jugendgruppe an, die vor allem von Lehrlingen besucht wurde. Dort diskutierte er mit den jungen Menschen, und nach und nach gewann er ihr Vertrauen. Sie redeten über Gott und die Welt – ja, auch über Gott. Denn Gott ärgerte sie. Sie sahen ihn weit fort von ihren Fragen und Problemen und ihrem Alltag: von den Mädchen, den Filmen, den Diskotheken und den Vorarbeiterschikanen. Davon abgesehen störte sie der erhabene Gott der Kirche wenig. Das schien ihnen selbstverständlich: Einer muß die Sache in der Hand haben; unten muß es Menschen geben, oben muß es Menschen geben; und warum ganz oben nicht auch Gott? Chefetagen gehörten nun einmal zur Ausstattung des Systems, dessen Teil sie waren. Innerhalb dieses Systems muß man bloß schauen, daß man selbst möglichst schnell von unten weg- und weiterkommt. Aber: Wenn schon einer Gott ins Spiel bringt und wenn er das ganz ernst meint, müßte er Gott dann nicht unten sein lassen? Unten, wo doch immerhin die meisten Menschen sind, wo die erbärmlichsten Zustände herrschen? Unten, wo man den Mund besser nicht auftut? Derlei Fragen wurden in der Jugendgruppe angerührt. Sie wurden natürlich nicht lang und breit theoretisch erörtert, sondern sie kamen hier und da einmal auf. Beispielsweise, wenn einer erzählte, wie er vom Meister angebrüllt wurde, weil er etwas falsch gemacht hatte, und wie der Meister »Halt's Maul!« schrie, als der Lehrling zur Antwort gab: »Wenn ich dauernd für Sie zum Kiosk rennen muß, kriege ich halt nicht alles mit!«

Darüber war man sich einig: Wer etwas zu sagen hat, nutzt das aus. So ist die Welt. Aber: Wie ist Gott? Der redet von oben herab und kann auch nicht helfen – warum also an ihn glauben? Der junge Mann fand, daß es unglaublich provozierend ist, sich über Gott Gedanken zu machen. Provozierend zum Glauben oder zum Unglauben?

Nach ein paar Wochen Tätigkeit suchte der junge Mann ein Gespräch mit dem Pfarrer. Er wartete auf ihn, nachdem der Gottesdienst zu Ende war. Ihn beschäftigte die Diskrepanz zwischen Realität und Glaubenswahrheit. Auf der Seite der Realität: die Erbarmungslosigkeit der Verhältnisse; auf der Seite des Glaubens: ein

Gott, der sich der Verhältnisse erbarmt. Wahrhaft ärgerlich war, daß Gott die Verhältnisse nicht in seinem Sinn umschaffen konnte. Davon hörte man nur in der Liturgie des Gottesdienstes und in der Predigt.

Und außerdem war da noch etwas anderes. Ein Jugendlicher war anläßlich eines Sportvereinsjubiläums auswärts im Gottesdienst gewesen. Unter dem Beifall der Gruppe stellte er dazu kurz fest: »Was ist denn das? Erst putzt der Pfarrer einen runter, dann päppelt er ihn wieder hoch!« Diese Bemerkung bezog sich darauf, daß im Gottesdienst ein Sündenbekenntnis vorgekommen war, das kein gutes Haar an den Menschen gelassen hatte und dem in krasser Gegensätzlichkeit die Vergebung der Sünden im Namen Christi gefolgt war. Daran habe er sich festgebissen, erzählte der junge Gottesdienstbesucher, die Situation sei wie verhext gewesen.

Dies alles ging dem Gruppenleiter durch den Kopf. Alles war so richtig, aber auch so mißverständlich. Er wollte das klarstellen. Als der Pfarrer aus der Sakristeitür trat, gingen sie aufeinander zu und begrüßten sich. »Na, hat Ihnen meine Predigt nicht gefallen?« fragte der Pfarrer. »Darum geht's nicht. Mich interessiert das Sündenbekenntnis, das Sie gesprochen haben.« Der Pfarrer gab es ihm zu lesen. Es lautete: »Herr, unser barmherziger Gott! Wir denken vor dir an unser Leben und an das Leben unserer Gemeinde. Hatten wir genügend Geduld, aufeinander zu hören? Hatten wir genügend Vertrauen, aufeinander zu warten? Hatten wir genügend Liebe, unseren Ehepartnern, unseren Kindern, unseren Bekannten ein vergebendes Wort zu sagen, wo immer das nötig gewesen wäre? Hatten wir genügend Zeit füreinander? Wie oft haben wir einander stehenlassen? Haben wir nur unsere eigenen Interessen verfolgt und sind dabei erbarmungslos über die Interessen anderer hinweggegangen? Wir sind ja selbst auf Vergebung angewiesen und bekennen vor dir, daß wir gesündigt haben in Gedanken, Worten und Werken. Herr, erbarme dich!«

Als der junge Mann das gelesen hatte, sagte er dem Pfarrer, warum ihn das alles interessiere. Der Pfarrer fragte: »Was können wir denn vor Gott anderes tun, als uns einzugestehen, daß wir's nicht gut meinen und oft viel falsch machen?« Der junge Mann stellte eine Gegenfrage: »Glauben Sie, daß die Welt dadurch besser wird?«

»Ich glaube, daß die Menschen dadurch fähiger werden, mit ihren Enttäuschungen über sich selbst fertig zu werden. Und ich glaube, daß es ihnen dadurch leichter fällt, von neuem zu beginnen.«
Es war befriedigend für den jungen Mann zu hören, daß der Pfarrer »Ich glaube« gesagt hatte. Und das bedeutete doch wohl dasselbe wie »Ich weiß es nicht«?
Aber wovon kann man dann ausgehen?

In der Gruppe ging es immer wieder um den einen Punkt: Man muß davon ausgehen, daß Menschen anderen Menschen bewußt Unrecht zufügen, weil ein Gewinn für sie dabei herausspringt. Daß zum Beispiel eine vernachlässigte Altbauwohnung an sieben türkische Arbeiter für viele hundert Mark vermietet wurde – davon muß man ausgehen; oder davon, daß eine Reinmachefrau eine Kollegin zwang, die unangenehmsten Arbeiten zu übernehmen, für sich aber das Aufräumen und Blumengießen vorbehielt – sie konnte sich das leisten, weil die andere auf das Geld angewiesen war und auch gar nicht die Nerven hatte, sich zu beschweren.
Auch das war klar: Man mußte diesen Dingen hartnäckig zu Leibe rücken. Man muß den Mietwucherer anzeigen und die Frau zurechtweisen. Weil das aber aufreibend ist und einen vielleicht selbst kaputtmacht, läßt man lieber die Finger davon, so daß alles beim alten bleibt. Mit diesem Stand der Diskussion war aber keiner in der Gruppe so recht zufrieden. Da hat einer von ihnen eine Idee. Er schlägt vor, die Geschichte mit den Türken zu spielen, und zwar mit allen denkbaren Konsequenzen durchzuspielen. Ob man zum Beispiel dem Hausbesitzer nachts einen Molotowcocktail in den Garten werfen solle? Sie spielen: Sprengstoffanschlag und seine Folgen. Ob man mit dem Mann verhandeln kann und wie? Sie spielen: Verhandlung. Sie spielen: Demonstration. Und: Leserbriefe schreiben. Sie suchen den besten Weg. Das muß derjenige Weg sein, der den Türken auf Dauer gesehen am besten hilft. Wichtig ist, daß man sich ohne Einschränkung auf die Seite der Türken stellt. Und wichtig ist, daß man sie mag. Man muß mit ihnen die ganze Situation nicht nur durchdenken, sondern auch durchleben.
Im Laufe eines Abends fällt das Stichwort »solidarisches Handeln«. Dabei wird – ohne, daß es als aufdringlich empfunden worden wäre – ein Name genannt: Jesus. Jesus hat doch mit den Menschen

problematische Situationen durchdacht und durchlebt. Er gehört demnach in ihren Alltag – nicht nur in die Predigt und die Liturgie, vielleicht gerade in die Kirche zuallerletzt.
Die Sache hieß jetzt nicht mehr »Gott«, sondern »Jesus«. Damit war, wie sich im Verlauf der Gruppengespräche zeigte, etwas anzufangen. Jesus erschien als eine Überraschung für die Menschen, die sich mit dem Unrecht, das ihnen zugefügt wurde, abgefunden hatten: *Sie* rückte er nach vorne. Die anderen, die das Unrecht zufügten, wies er in ihre Grenzen zurück. Eigentlich ein ermutigender Vorgang, fanden einige. Ermutigend nicht nur dazu, sich weder mit Vorläufigem noch mit Unrechtem zufriedenzugeben, sondern auch dazu ermutigend, Gott nicht allzuweit entfernt zu suchen. Gott in Christus – das war das ganze Geheimnis.
Ist es nicht besser, davon auszugehen, daß Unrecht tatsächlich zu überwinden ist, als dabei stehenzubleiben, daß nun einmal – wie jedermann weiß – Unrecht geschieht?

Die Arbeit in seiner Jugendgruppe kostet den jungen Mann viel Zeit. Er ist nicht vorbehaltlos glücklich mit seiner selbstgestellten Aufgabe. Mit den jungen Leuten zusammen zu sein, mit ihnen zu reden über Gott und die Welt, sie zu verstehen und gemeinsam mit ihnen praktische Schritte zu tun, das bringt oft genug zum Verzweifeln wenige Ergebnisse.
Er ist aber auch nicht mutlos bei der Sache. Er glaubt, daß die Gruppe ihn braucht – auch seine gelegentliche Verzweiflung.
Als er den Pfarrer einmal auf der Straße traf, schloß er einen Bericht über seine Arbeit mit einer überraschenden Mitteilung: »Damals, als Sie unsere kleine Tochter tauften, haben wir uns über Ihre Worte im Gottesdienst sehr gefreut. Sie müssen wissen, es war für uns ziemlich schwer gewesen, uns mit dem Kind abzufinden. Wir dachten, erst einmal müsse beruflich alles geschafft sein, damit wir uns alles Nötige leisten können. Und dann hatten wir beide im Gottesdienst das Gefühl, unser Kind würde uns in diesem Augenblick von neuem gegeben. Sie sagten ›geschenkt von Gott‹, aber sind denn Worte so wichtig? Wir haben uns wirklich sehr gefreut damals.«

Mensch, du hast's gut
Ludolf Ulrich

Auf einem Bahnsteig war das neulich. Ich stand ziemlich nahe an der Treppe, die aus der Unterführung zu den Zügen führte. Der Zug mußte jeden Moment einlaufen. Es regnete. Die Treppe herauf stolperte ein Betrunkener, die Bierflasche in der Hand. Irgend etwas redete er vor sich hin. Dann wankte er auf mich zu, blieb vor mir stehen, der Bierdunst schlug mir ins Gesicht. Mit seiner Flasche tippte er gegen meine Brust und fragte: »Glaubst du an Gott?« Darauf war ich nicht gefaßt. Nachmittags um 17.10 Uhr auf einem regennassen Bahnsteig. Und der Zug konnte jeden Augenblick einlaufen. Ich hatte kein Bedürfnis, mit einem fremden Betrunkenen zu sprechen. Und dann diese Frage. Sollte das ein Witz sein?
Also kurz: Ich wollte nicht antworten. Es war mir einfach zu peinlich. Aber sein Gesicht war mir so nahe, daß ich ihm nicht ausweichen konnte. Ich antwortete dann doch, unüberlegt, spontan. Ich sagte nur: »... ja!« Eigentlich wollte ich noch weiterreden, ihm erklären, wie ich zu dieser Antwort komme. Wahrscheinlich hatte ich Angst vor seiner Reaktion, daß er antworten würde: »Na, dann zeig ihn mir mal!« Aber er wollte gar keine Erklärung. Er sagte nur – und das überraschte mich zum zweitenmal: »Mensch, du hast's gut!« Erst in diesem Augenblick sah ich ihn richtig. Sein Gesicht war müde, kaputt.
Mir fiel der Besuch bei einer Familie ein, die in einer elenden Altstadtwohnung hauste. Der Mann hatte auch das Trinken angefangen. Ich dachte daran, daß eine unglückliche Ehe oder eine Kündigung des Arbeitsplatzes für viele der Grund ist, sich dem Alkohol auszuliefern. Und wie mag das sein, wenn man aus eigener Kraft nicht mehr davon loskommt?!
Jetzt erst sah ich ihn richtig. Seine Frage war kein Witz, sondern ein Ausdruck der Resignation. Jetzt ahnte ich, was er mir sagen wollte. Aber ich konnte nicht mehr reagieren. Im nächsten Moment war er von der Menschenmenge weggespült. Der Zug lief ein, alles drängte sich beim Einsteigen.
Er hatte mich nach Gott gefragt. Und ich hatte nicht gehört, was er damit meinte. Erst später fiel mir ein, daß nicht etwa in meiner

Antwort, sondern in seiner Frage Gott selbst war, nämlich in dieser unausweichlichen Herausforderung, einem resignierten Menschen ins Gesicht zu sehen, mich ihm zu öffnen. Ich glaube, daß diese unausweichliche Herausforderung, die in solchen Gesichtern steht, die Stimme Gottes ist. Ich hoffe, aufmerksamer zu werden für die Gesichter der Menschen, die mich ansprechen – und sei es auf Bahnsteigen.

Und noch etwas fiel mir später ein: Er hatte behauptet, ich hätte es gut, wenn ich an Gott glaubte. Vielleicht meinte er damit etwas, das ihm fehlte, nämlich: Mut haben zum Leben, einen Grund haben, der uns trägt, wenn das Leben uns fertigmacht. – Ich konnte für ihn nichts tun. Aber er hat mir neu bewußt gemacht, was wir so leicht überspielen: Es ist nicht selbstverständlich, wenn es uns gutgeht, und es bedeutet viel, wenn wir glauben können.

Beispiele für Gott
Michael Schwekendiek

(2. Mose 3,1–10,13–14)

Neulich ist es mir ganz plötzlich aufgefallen. Es war gar kein besonderer Anlaß – nur so, am Schreibtisch: Ich war tagelang ohne Gott ausgekommen.

›Wie bitte, Sie – als Theologe?‹

Ja, komisch, aber wenn Sie einmal darüber nachdenken, vielleicht ist es Ihnen auch schon einmal so ergangen. Ich stellte plötzlich fest: Tagelang hatte ich so gut wie gar nicht an ihn gedacht. Ich hatte viel zu tun, meine Frau war im Krankenhaus, es gab 'ne Menge zu erledigen – selbst nach Feierabend kam man nicht richtig zur Ruhe.

Tatsächlich – ich hatte ihn in aller Hetze und Hektik vergessen.

Und wenn ich es recht betrachte, dann ging es mir in dieser Zeit nicht etwa viel schlechter. Ich hatte auch nicht das Gefühl, daß mir etwas fehlte. Nur nachdenklich bin ich geworden – anschließend.

Und als ich dann den Predigttext las – man kann richtig neidisch werden auf den Mose! Ihm war Gott erschienen, zu ihm hatte er gesprochen. Aber wir ...

Denken Sie das auch manchmal: Das wäre was, wenn Gott jetzt erscheinen würde wie bei Mose, oder auch so, wie damals in Jesus. Vielleicht Wunder tun könnte, Krankheiten heilen, Tote auferwekken. Dann sähe es doch mit einem Schlage besser aus mit der Kirche! Was sie dann wohl sagen würden, die Zweifler, die Lästermäuler!? – Aber so? Ich hatte ihn tatsächlich ein paar Tage lang vergessen.

Und während ich noch darüber nachdachte, etwas beunruhigt, fiel mir eine kleine Begebenheit ein. Ein Pastor hatte mir das erzählt:

Er war bei einem Freund in seiner früheren Heimatstadt gewesen und gerade auf dem Weg nach Hause.

Der Wagen fuhr gleichmäßig über die Landstraße – er kannte die Strecke in- und auswendig. Miserables Wetter.

Da sah er einen jungen Mann am Straßenrand, winkend. Anhalter. Ohne lange nachzudenken, hielt er an und ließ ihn einsteigen. Dieser nannte sein Fahrtziel und ließ sich, sichtlich froh und erleichtert, auf den Sitz fallen.

Einige Augenblicke Schweigen.

»Was soll das denn?« fragte der junge Mann und deutete auf einen kleinen Aufkleber am Handschuhfach:

»*Nächstenliebe – deine Sache*«, las er; »irgendwas mit Kirche?«

»Ja, allerdings heißt ›Deine Sache‹ nicht ›Sache der Kirche‹.«

»Sagen Sie mal, sind Sie etwa Pastor?«

»Ja. Wie kommen Sie darauf?«

»Ach du Schreck – nur so. Da haben Sie sich ja auch nicht gerade das Beste ausgesucht. Das ist doch 'ne heikle Sache, heute Pastor zu sein.«

»Die ganze Kirche – was soll das überhaupt? Reden über den Glauben, über längst vergangene Zeiten, über einen Gott, an den sowieso kaum noch einer glaubt. Wahrscheinlich nicht mal mehr die paar, die überhaupt noch zur Kirche gehen. Glauben Sie eigentlich selbst wirklich daran?«

»Sie werden sich wundern«, antwortete der Pastor, »er ist mir heute begegnet.«

»Wer?«

»Gott.«

Sein Mitfahrer schluckte einmal trocken und sah seinen Fahrer etwas mißtrauisch von der Seite an.
»Sagen Sie das noch mal. Wer ist Ihnen begegnet?«
»Gott. – Wissen Sie«, fuhr er fort, »ich habe heute morgen einen Brief bekommen von meiner Frau; obwohl wir jeden Tag zusammen sind. Sie hat mir einen Brief geschrieben; einen herrlichen Brief, der mich unheimlich gefreut hat und mir Mut gemacht hat für eine Sache, vor der ich ziemliche Angst hatte. Und jetzt komme ich gerade von einem Freund. Er hat ein Kind adoptiert, aus einem Heim – zu seinen drei eigenen dazu. Wir hatten schon mal darüber gesprochen – ich hätte es nicht gedacht, daß er es wirklich macht.
So ist mir Gott begegnet.«
»So ist Ihnen Gott begegnet? Ich finde das ja ganz nett mit dem Brief und Ihrem Freund, aber das ist doch mehr zufällig, nichts Außergewöhnliches. Ist das Gott? Also, dann weiß ich gar nichts mehr – wer ist das überhaupt, Gott?«
Wer bist du, Gott? Wie ist dein Name?
Und Gott antwortete Mose:
»Ich bin, der ich bin.«
Ist das eine Antwort? Warum hat er darauf wohl nichts mehr gesagt, der Mose? Natürlich, er wußte von Gott, Gott der Väter nannte er ihn, aber er wußte genau, daß die Israeliten damit nicht zufrieden wären. Er wollte mehr wissen. Er wollte Gott neu entdecken.
Und dann diese Antwort. – –
Wir können dich nicht fassen, Gott. Wer bist du?
»Ich bin, der ich bin.«
Gott ist.
Gott ist da.
›Ja, ich weiß, Herr Vikar, Gott ist da, vielleicht. Aber wo? Ich merke ihn nicht, ich finde ihn nicht, Ihren Gott!‹
Wo suchen Sie ihn eigentlich? Über uns, unter uns, jenseits der Sonne? – Oder vielleicht hier?
Hier. Mitten unter uns. In der Frau, die ihrem Mann einen Brief schreibt, in dem Kind, das unsere Hilfe braucht, da können wir Gott neu entdecken.
Und ich hatte ihn fast vergessen ...
Und ich hatte ihn fast vergessen?
Ich komme doch keinen Tag ohne Liebe aus! Keinen Tag ohne ein

freundliches Wort, ohne Freunde, ohne Freude. Und ich bin froh, wenn jemand für mich da ist.

Und Sie?

Haben Sie Gott schon mal getroffen? habe ich einige meiner Bekannten gefragt, als ich an dieser Predigt schrieb.

Verlegenes Lächeln. Witze. – Nachdenken. Besonders bei einem. Und er wußte eine Antwort: »Nein«, sagte er, »nein – und ich glaube, er hat mich vergessen. Ich werde Weihnachten wieder allein sein«, hat er gesagt! »Das ist verdammt hart, wo alle anderen zusammensitzen. Man hat mich vergessen.«

»Ich bin, der ich bin.«

›Ich bin da‹, das ist sein Name. Und doch erscheint er uns so oft verborgen; verborgen, solange das nicht auch unser Name ist:

Wir sind da – für andere!

Liebe Gemeinde, wir werden gebraucht, Sie und ich, um diese Liebe Gottes weiterzugeben; um diesem Mann z. B., von dem ich eben erzählte, deutlich zu machen, daß er nicht vergessen ist.

Wir werden gebraucht – wie Mose.

Vielleicht haben Sie sich unsere Kanzel schon einmal näher angesehen. Sie stellt den brennenden Dornbusch dar. Den brennenden Dornbusch, vor dem Mose stand.

Wir werden gebraucht – wie Mose.

Wir müssen die Liebe Gottes weitergeben, um ihm den Raum zu öffnen. Mit der Hoffnung, daß dieses »Ich bin« einmal wieder ganz deutlich ist:

»Ich bin –
bei euch alle Tage bis an das Ende der Welt.«

Auch wenn ich ihn wieder vergesse ...

Wenn er nicht blau sah, sah er rot
Ludolf Ulrich

In einem Kinderbuch las ich: »Es war einmal ein Mann, der stellte sich eines Tages auf den Standpunkt, richtig, schön und gut sei nur, was blau ist. Wiesen hielt er für eine Fehlkonstruktion, Wälder wollte er abschaffen, und über Tomaten konnte er nur noch lachen.
Wer kein blaues Auto fuhr, war für ihn ein Verräter, und Braunäugigen traute er nicht über den Weg. Von morgens bis abends stritt er sich über Rot und Weiß, Gelb und Grün, Braun und Violett, und wenn sein Standpunkt nicht gewesen wäre, dann hätte er sich dabei schwarzgeärgert. Er heiratete eine Frau mit blauen Augen. Außer ihr – abgesehen von den Polizisten, Feuerwehrleuten, Briefträgern und noch ein paar anderen – hatte er eigentlich nur Feinde. Aus Überzeugung aß er nur Heidelbeeren, Blaukraut, Brombeeren und Pflaumen ...«
»Der Mann mit dem Standpunkt« ist diese erfundene Geschichte überschrieben. Eine bissige Geschichte! Gibt es solche Leute in Wirklichkeit? Ich meine natürlich nicht Leute, die »blau« zu ihrer Weltanschauung gemacht haben, sondern Zeitgenossen, die so verbohrt an ihre Prinzipien glauben. »Der Mann mit dem Standpunkt«, so, wie er da beschrieben ist, ist doch wohl eine Karikatur, eine Übertreibung.
Aber wenn ich an Diskussionen denke, wo unsere politische Grundüberzeugung in Frage gestellt wird, oder an Gespräche, wo es um die Prinzipien unserer Kindererziehung geht – wehe, da tritt uns einer zu nahe! Da haben wir in der Regel unsere feste Position.
Doch manchmal überfällt mich in solchen Diskussionen die Sorge, mein Standpunkt könnte mich blind machen für die Gedanken und Erfahrungen der anderen. Manchmal merke ich, daß ich nicht mehr richtig zuhören kann, wenn jemand meine feste Überzeugung kritisiert. Manchmal fürchte ich, daß die Welt dann in Freunde und Feinde zerfällt. Und Freunde sind dann nur die, die mir rechtgeben.
Ich habe diese Geschichte vom »Mann mit dem Standpunkt« einmal verglichen mit Geschichten über Jesus, den Mann aus Nazareth; z. B. mit jener Szene, in der die Pharisäer eine Ehebrecherin

vor ihn schleppten. Alle beharrten da auf dem Standpunkt: Sie muß mit dem Tode bestraft werden! Und Christus antwortete: »Wer unter euch ohne Schuld ist, der werfe den ersten Stein!« Schuldige müssen bestraft, Feinde gehaßt werden, nur wer das Gesetz hält, ist gut! Das sind damals unumstößliche Überzeugungen.
Für Christus ist die Vergebung wichtiger. Er lebt eine Barmherzigkeit, die neue Wege sucht, da, wo »der Mann mit dem Standpunkt« längst sein Urteil gefällt hat. Bezeichnenderweise hat Jesus seine Anhänger nie aufgefordert, sich auf seinen Standpunkt zu stellen, sondern: sich auf seinen Weg zu begeben. Einen Weg, auf dem Gott uns zu neuen Einsichten bringen will. Einen Weg, auf dem wir uns täglich unsere verbohrten Meinungen und harten Standpunkte vergeben müssen. Einen Weg, auf dem wir Menschen mit ganz anderen Überzeugungen anzunehmen lernen.

Spiegelgeschichten
Christian Zippert

(2. Korinther 4,4)

Instrumentalmusik (J. S. Bach, Kanon F-Dur für Flöte, Oboe und Orgel)

I.
Es gibt eine Krankheit, die wir bei anderen leichter feststellen als bei uns selbst. Ich meine die Neigung, zunächst oder überhaupt nur das Schlechte an einem Menschen zu sehen. Woher kommt diese merkwürdige, oft geradezu krankhafte Neigung?
Ich möchte dieser Frage nicht mit wissenschaftlichen Theorien, sondern mit einem Märchen nachgehen. Es ist die »Geschichte vom Teufelsspiegel und seinen Splittern« von Hans Christian Andersen: »Eines Tages war der Teufel so richtig guter Laune; denn er hatte einen Spiegel gemacht, der die Eigenschaft besaß, daß alles Gute und Schöne, das sich in ihm spiegelte, fast zu einem Nichts zusam-

menschrumpfte. Was aber nichts taugte und sich übel ausnahm, trat ganz besonders hervor und wurde noch übler.
Die herrlichsten Landschaften sahen darin aus wie gekochter Spinat, und die besten Menschen wurden ekelhaft oder standen auf dem Kopf ... Die Gesichter waren so verzerrt, daß sie nicht zu erkennen waren ... Ging ein guter, frommer Gedanke durch einen Menschen, dann zeigte der Spiegel ein Grinsen, daß der Teufel über seine kunstreiche Erfindung lachen mußte.
Alle seine Schüler ... erzählten weit und breit, daß ein Wunder geschehen sei. Jetzt erst könne man sehen, meinten sie, wie die Welt und die Menschen wirklich seien. Sie liefen mit dem Spiegel herum, und zuletzt gab es kein Land und keine Menschen mehr, die nicht verzerrt darin gesehen wurden.
Nun wollten sie auch noch zum Himmel hinauffliegen, um sich über die Engel und den lieben Gott lustig zu machen. Je höher sie mit dem Spiegel kamen, um so mehr grinste er; sie konnten ihn kaum festhalten. Sie flogen höher und höher, und immer näher kamen sie Gott und den Engeln. Da erzitterte der Spiegel so fürchterlich in seinem Grinsen, daß er ihnen aus den Händen rutschte und auf die Erde hinabstürzte, wo er in hundert Millionen, Billionen und noch mehr Splitter zerbrach.
Doch gerade jetzt richtete er viel größeren Schaden an als vorher; denn manche Splitter waren nicht einmal so groß wie ein Sandkorn. Sie flogen kreuz und quer durch die weite Welt, und wo sie den Leuten in die Augen kamen, da blieben sie stecken. Und die Menschen sahen alles verkehrt oder hatten nur einen Blick für das, was an einer Sache schlecht war. Denn jedes kleine Spiegelsplitterchen hatte dieselben Kräfte behalten, wie sie der ganze Spiegel besessen hatte ... Einige Spiegelscherben waren so groß, daß sie als Fensterscheiben verwendet wurden. Aber durch diese Scheiben sah man seine Freunde besser nicht an. Andere Stücke kamen in Brillen, und wenn die Leute diese Brillen aufsetzten, war es schwer für sie, richtig zu sehen und gerecht zu sein.
Der Böse lachte, daß ihm der Bauch wackelte, und das kitzelte so schön. Und draußen flogen die kleinen Glassplitter in der Luft herum ...«
Woher also kommt die krankhafte Neigung, das Schlechte und Häßliche an einem Menschen groß, das Gute und Schöne, wenn über-

haupt, klein zu sehen? Das Märchen von Andersen antwortet: Vom Teufel. Das heißt vor allem: Sie ist mit den Mitteln des guten Willens allein nicht zu heilen, vielleicht sogar unheilbar. Das wäre schrecklich! Lassen wir diese Möglichkeit zunächst einmal offen.

Instrumentalmusik (Z. Kodaly, Epigramm für Flöte, Oboe und Orgel)

II.

Die krankhafte Neigung, von der wir sprachen, ist nicht unheilbar. Es gibt ein Mittel gegen sie, wirksamer als der gute Wille, der rasch an seine Grenzen kommt. Das ist der Glaube an Jesus Christus. Die Geschichte vom Teufelsspiegel und seinen Splittern kann uns daran erinnern. Sie ist nämlich selbst wie ein Spiegel – ein Spiegel, in dem sozusagen seitenverkehrt die Geschichte unseres Glaubens zu sehen ist. Ich will versuchen, sie nachzuerzählen:
»Als der liebe Gott sah, wie unglücklich die Menschen waren, weil sie alles verkehrt sahen: das Schlechte und Häßliche groß, das Gute und Schöne klein oder gar nicht, wurde er traurig. Sie taten ihm leid, und er beschloß, ihnen zu helfen. Er sagte: Ich will meinen Sohn in die Welt schicken. Er soll mein Spiegel sein. Wer ihn anschaut, der soll die Welt und die Menschen sehen, wie sie wirklich sind, wie ich sie gemeint habe. Und so geschah es.
Maria, ein Mädchen aus Nazareth, bekam einen Sohn, den nannte sie Jesus, das heißt: Gottes Hilfe. Der zog, als er herangewachsen war, durch das Land und half den Menschen.
Er half den Kranken, die man ihrem Schicksal überließ, weil man dachte: Sie sind vom einem bösen Geist besessen oder: Gott straft sie für ihre Sünden und für die Sünden ihrer Eltern.
Er half Betrügern und käuflichen Frauen, die man verachtete, weil sie Gottes Gebote übertraten, ohne zu fragen, wie und warum sie dazu geworden waren.
Er half den Trauernden, dic man damals wie heute mit billigen Redewendungen vertröstete, daß alle Menschen sterben müssen und daß gegen den Tod kein Kraut gewachsen ist, und so weiter.
Jesus sah die Welt und die Menschen, wie sie wirklich sind, weil er Gott sah, wie er wirklich ist. Er sah das Gute und Schöne groß und das Schlechte und Häßliche – nein, nicht klein und wie zu einem Nichts zusammengeschrumpft. Er sah auch das Schlechte

und Häßliche groß, aber er sah es nicht als unabänderlich und unüberwindbar, als Schicksal und Verhängnis an.
Einige Menschen, es waren nicht viele, begannen zu begreifen, daß ein Wunder geschehen war. Andere, bei weitem die Mehrheit, trauten der Sache nicht recht; sie warteten ab, blieben scheinbar oder tatsächlich gleichgültig oder spotteten. Wieder andere, in kleiner Zahl, aber mächtig, ärgerten sich. Sie sahen die Ordnung der Welt und ihre Stellung gefährdet und griffen ein.
Sie erreichten, daß Jesus getötet wurde. Der Spiegel, den Gott gemacht hatte, um den Menschen zu helfen, zerbrach. Aber das war nicht das Ende des Wunders, im Gegenteil: seine Wirkung wuchs nun ins Unermeßliche. Die Splitter flogen kreuz und quer durch die weite Welt, und so tun sie es noch heute. Und wer auch nur ein Splitterchen dieses Spiegels zu Gesicht bekommt, der lernt die Welt und die Menschen so sehen, wie sie Jesus gesehen hat: das Gute und Schöne groß, das Böse und Häßliche nicht klein – das wäre Selbstbetrug – aber veränderlich und überwindbar.
Und der liebe Gott freut sich – noch viel mehr, als sich der Teufel gefreut hatte!«
Nun denken Sie vielleicht, liebe Zuhörer: Wir sollen wohl an Märchen glauben? – Ich wollte Sie nicht ärgern mit diesem Versuch, die Geschichte unseres Glaubens zu erzählen. Ich wollte nur auf möglichst leichte und einfache Weise sagen, was Paulus in einem seiner Briefe in dem Satz zusammengefaßt hat: »Christus ist das Ebenbild Gottes« (2. Kor 4,4). Das heißt doch: Christus zeigt uns, wie Gott wirklich ist. Er zeigt uns auch, wie die Menschen wirklich sind; denn das ist, wie es am Anfang der Bibel (1. Mose 1,27) heißt, eigentlich und ursprünglich jeder von uns: ein »Ebenbild Gottes«. Ein tröstliches Wort, mindestens so tröstlich wie ein Märchen!

Instrumentalmusik (Z. Kodaly, Epigramm für Flöte, Oboe und Orgel)

III.
Wir beten:
Die Menschen sehen, wie sie wirklich sind, wie Gott sie geschaffen hat, nicht entstellt durch das Böse –
auch noch im Verbrecher den Menschen erkennen und achten,

im verrunzelten Gesicht einer alten Frau die übersehene Schönheit entdecken,
in unreifen, unfertigen Jugendlichen kommende Möglichkeiten wahrnehmen und entfalten helfen –
dazu hilf uns, Jesus, Sohn Gottes.
Die Welt sehen, wie sie wirklich ist, wie Gott sie geschaffen hat,
nicht verdorben und zerstört durch menschlichen Mutwillen –
die Gefahren einer unbegrenzten technischen Entwicklung erkennen und bannen,
die Welt sauber halten und wohnlich machen wie das eigene Haus,
die Wunder der Natur mit Ehrfurcht anschauen –
dazu hilf uns, Jesus, Sohn Gottes.
Gott sehen, wie er wirklich ist,
nicht im Zerrbild der Angst und des schlechten Gewissens,
nicht als Ausgeburt enttäuschter, unerfüllbarer Sehnsucht,
sondern als lebendiges Du,
als Vater, der für seine Kinder da ist,
als unermüdliche, verstehende und befreiende Liebe –
dazu hilf uns, Jesus, Sohn Gottes,
du Abglanz seiner Herrlichkeit und Ebenbild seines Wesens,
du bist unsere Hoffnung! Amen.

Instrumentalmusik (J. S. Bach, Andante und Allegro aus der Triosonate G-Dur für Flöte, Oboe und Orgel)

Der Elefant und der Schuß in die Torte – zwei unmögliche Geschichten
Wulf Lothar Köppe

(2. Korinther 5,17)

Der Elefant ist das Tier, das am meisten zu schätzen sei, lese ich bei einem Dichter. Er ist gutmütig. Er versteht Spaß. Er ist ein guter Freund, wie er auch ein guter Feind ist. Seine Ohren sind verstellbar: Er hört nur, was ihm paßt. Er ist auch gesellig, und dies nicht nur zu Elefanten. Überall ist er sowohl geliebt als auch gefürchtet. Eine gewisse Komik macht es möglich, daß er sogar verehrt werden kann. Sein Gemüt ist zart. Er kann traurig werden. Er kann zornig werden. Er tanzt gern. Er liebt Kinder und andere kleine Tiere. Er ist grau und fällt nur durch seine Masse auf. Er trinkt gern und ist fröhlich.

Das Elefantenleben beeindruckt mich. Es gefällt mir. Ich stelle mir vor, ein Elefant zu sein. Ich wäre dann gutmütig, verstünde Spaß, wäre ein guter Freund und guter Feind, ich wäre gesellig zu allen, beliebt, gefürchtet und geehrt. Ich wäre traurig und auch fröhlich, ich wäre zornig und könnte kleine Kinder lieben.

Aber – so wird der Kritiker sagen – ich bin kein Elefant. Ein Elefantenleben ist wohl eine schöne, ja aufregende Angelegenheit. Wäre ich ein Elefant – höre ich den Kritiker weitersagen – im Grunde wäre ich dann so, wie ich eigentlich gerne sein möchte: gutmütig, Spaß verstehend, verehrt und geehrt, gefürchtet und geliebt, zornig und traurig und fröhlich, nur – ich bin kein Elefant. Mein Alltag sieht anders aus. Der Spaß kann mir schon vergehen, wenn mir die Wände auf den Kopf zu stürzen drohen, und – wie denn überhaupt gesellig sein zu allen? Ist das nicht ein wenig Spinnerei? Wenn ich daran denke, was alles so auf einen zukommt. Der Alltag – so schließt der Kritiker seinen Einwand – ist eben doch so, daß einem schon der Spaß vergehen kann. Allerdings, meint er noch zum Schluß, ich will trotz allem nicht die guten Seiten des Alltags übersehen, den Gruß vom Nachbarn, das freundliche Lächeln des Herrn gegenüber, den herrlichen Blumenstrauß zum Geburtstag ... aber – der Kritiker kommt noch einmal auf das Elefantenleben zu sprechen – bei uns leben Elefanten bekanntlich im Zoo, im Elefantenhaus, auf engstem Raum, in triste Betonwände eingepfercht, den Ausblick durch Gitterstäbe versperrt. Die Verhältnisse lassen eben ein Elefantenleben wohl kaum zu!

Ich möchte dem Kritiker recht geben. Manchmal vergeht einem der Spaß. In der Familie, im Freundeskreis, im Betrieb und in der Kirche, da laufen die Dinge nicht immer so, wie ich es mir vorstelle.

Allerdings möchte ich mich auch nicht gänzlich gegen das Elefantenleben aussprechen. Gutmütig sein, Spaß verstehen, guter Freund und guter Feind sein, geliebt, gefürchtet und geehrt. So stelle ich mir manchmal auch ein Menschenleben vor!

So einmal richtig aussprechen, was mich bedrückt und was mich fröhlich stimmt. Darüber zu reden, wo ich nicht so recht weiter weiß. Lachen mit anderen und weinen mit anderen. Und ohne dabei zu denken: So etwas tut man aber nicht. Ich möchte gern einmal meine Probleme, meine Fragen auf die Tagesordnung bringen, meine Probleme und Fragen möchte ich einmal behandelt wissen!
Ich möchte Ihnen die Geschichte von Isidor erzählen. Von Isidor, dem Apotheker. Isidor vertrug es nicht, immer befragt zu werden, wo er denn gewesen sei und was er denn getan habe. Eines Tages trat Isidor mit seiner Gattin eine Reise nach Mallorca an. In Mallorca aber kam Isidor nie an. In einer südfranzösischen Hafenstadt verschwand er von der Bildfläche. Niemand kannte seinen Aufenthaltsort und niemand wußte, was er denn tat. Erst Jahre später kehrte Isidor nach Hause zurück. Er trat durch das Gartentor, in der Hoffnung, daß seine liebe Gattin, sofern sie zu Hause war, ihn nicht gleich zur Rede stellen wird. Isidor, sagte sie, als sie ihn erblickte. Was denn, fragte Isidor zärtlich. Isidor, fragte sie, wo bist du denn nur so lange gewesen? Warum hast du nie auch nur eine Karte geschrieben? Isidor erbleichte. Isidor, sagte sie, das hättest du wirklich nicht tun dürfen! Da griff Isidor in die Hosentasche, zog einen Revolver hervor und schoß – mitten in die den Gartentisch verzierende Sahnetorte. Dann verschwand er. Diesmal für immer. Der Spaß war ihm vergangen. Seine Fragen kamen nicht auf den Tisch. Immer befragt zu werden, wo er denn gewesen sei, was er denn getan habe, wohin er denn ginge – der Spaß war ihm vergangen. Isidor verschwindet von der Bildfläche. Für immer.
Ich möchte bei dieser Geschichte bleiben. Ich möchte ihren Schluß anders erzählen. Ich möchte ihn so erzählen, daß Isidor bleibt. Vielleicht könnte die Geschichte dann so enden:
Erst Jahre später kam Isidor nach Hause, damit rechnend, daß seine liebe Gattin ihn gleich zur Rede stellen wird. Isidor, fragte sie, als sie ihn erblickte, wo bist du denn nur so lange gewesen, was hast du denn eigentlich getan? Isidor zögerte mit seiner Antwort. Im Grunde hat sie recht, dachte er bei sich, was geht mir eigentlich verloren, wenn sie mich fragt. Vielleicht macht es mir sogar Spaß, mit ihr zu reden! Das Gespräch mit ihr könnte eine aufregende Angelegenheit werden. Ich weiß nicht, was es einbringen wird, ich bin allerdings doch gespannt auf das Ergebnis. Ich werde ihr sagen,

was mich bedrückt und worüber ich mich freue. Es ist im Grunde gar nicht so wichtig, woher ich komme, was ich kann und was ich vorzuweisen habe! Ich, Isidor, werde ihr einfach von Isidor erzählen! Und dann begann Isidor zu erzählen ...
So könnte die Geschichte von Isidor, dem Apotheker, enden. Es ist eben nur eine Geschichte. Eine fast unglaubliche Geschichte. Fast so unglaublich scheinen mir auch die Worte des Paulus zu sein, die er an die Korinther geschrieben hat: Wenn jemand in Christus ist, dann ist er ein neues Geschöpf. Alles, was ihn früher ausmachte, ist vergangen, er ist ein neues, anderes Wesen geworden. Paulus ist der Meinung, daß Gott für die kleinen Neuanfänge im Alltag gesorgt hat.
Es ist schon eine fast unglaubliche Geschichte, nicht mehr der alte Mensch bleiben zu müssen. Es ist schon eine fast unglaubliche Geschichte, ein Gespräch beginnen zu können, vom Elefantenleben zu träumen und zu überlegen, warum dieses Elefantenleben noch nicht begonnen hat.

Beten ist mehr!
Hermann Otto Geißler

(Keine Textverlesung)
Dienstagnachmittag in München im Olympischen Dorf: Im israelischen Quartier bewachen Terroristen ihre Gefangenen. In der Bürgermeisterei berät der Krisenstab. Noch ist nichts entschieden. Noch besteht Hoffnung, wenn auch wenig. Nicht weit davon entfernt findet ein ökumenischer Gottesdienst statt. Er ist überfüllt. So die Nachrichten.
Man kann verstehen, daß der Gottesdienst überfüllt war. Besser die Hände falten als die Hände in den Schoß legen müssen. Denn das war ja das Quälende für uns alle, daß man überhaupt nichts tun konnte: weder die Polizei noch die Regierungen – und erst recht nicht wir. Wieviel quälender mag das für die gewesen sein, die sel-

ber dort waren, in Sichtweite von der Unglücksstätte, quälender als für uns am Fernsehschirm zu Hause. Aber die Hände falten – das hätte man überall gekonnt. Zu Hause, im Krisenstab wie auch im kirchlichen Zentrum des Olympischen Dorfs. Aber hilft das? Hilft das am Ende nur dem, der betet? Es beruhigt vielleicht ein wenig. Es hilft ein wenig hinweg über das Gefühl der Hilflosigkeit und Ohnmacht. Vielleicht! Aber hilft es den Gefangenen, den Männern im Krisenstab? Hat es ihnen geholfen?

Nein, so müssen wir sagen. Es ist keiner gerettet worden, trotz allen Bemühens und trotz aller Gebete. Beinahe sieht es so aus, als seien sogar Fehler gemacht worden, trotz allem! Und was sich nun abspielt, ist fast noch schlimmer: die Toten bei den Vergeltungsschlägen der Israelis und die Opfer, die die Rache der Terroristen noch fordern wird. Die Hilflosigkeit ist gewachsen. Wie die Maus, die den nächsten Schlag der Katze erwartet, so steht die Welt da. Und es ist sicher, daß er erfolgen wird und daß er wieder Unschuldige trifft trotz aller Sicherungsmaßnahmen. Denn Terror läßt sich eben nicht verhindern.

Was soll also unser Beten in diesem Gottesdienst? Wollen wir uns nur beruhigen angesichts unserer Hilflosigkeit und Ohnmacht? Wollen wir uns einreden, unsere Hilflosigkeit werde ein wenig kleiner durch das Beten? Nein – das wollen wir nicht. Wir wollen etwas anderes. Dem Missionschef der bundesdeutschen Sportler wurde in München berichtet, daß das kirchliche Zentrum im Olympischen Dorf sehr regen Zuspruch hätte. Er soll geäußert haben: »Ich habe nichts dagegen, wenn die Sportler beten. Nur für einen Sieg um jeden Preis sollten sie nicht beten.«

Ist es so nicht auch bei diesen soviel ernsteren Dingen? Beten allein um Rettung der Geiseln – das ist noch kein Beten, sondern Selbstberuhigung. Beten allein um Bewahrung vor dem nächsten Gegenschlag der Terroristen gegen die Bundesrepublik ist noch kein Beten. Beten ist mehr. Und auch, was wir mit diesem Gottesdienst wollen, ist mehr.

Ich war während meines Urlaubs in England auch in der Stadt Coventry. Das ist die erste Stadt, die während des letzten Krieges durch Bomben zerstört wurde. Unsere Stukas hatten damals gründliche Arbeit geleistet, im November 1940. Zur Erinnerung an die Zerstörung haben die Engländer die zerbombte Kathedrale nicht wieder aufgebaut, sondern als Mahnmal stehen lassen. Nur die Außenmauern stehen noch. Man betritt den Platz durch das frühere Kirchenportal, und genau gegenüber, wo früher der Altar stand, sieht man in großen Lettern die Worte: »Father forgive!« Wohl die meisten Besucher, die das sehen, denken: »Das ist wirklich christlich. Sie sind bereit, denen zu vergeben, die ihre Stadt zerstört haben. So sollen sich Christen verhalten«.

Mir ging es anders, wohl weil ich Deutscher bin. Ich dachte: »Sieh dir mal diese Pharisäer an! Nun bitten sie scheinheilig Gott um Vergebung für das, was ihnen angetan wurde. Und gerade dadurch stehen sie da als die guten Christen, und wir Deutsche bekommen alle Schuld zugeschoben. Dabei haben die Engländer doch noch viel mehr deutsche Städte zerbombt und Menschen dabei getötet.«

So dachte ich. Und ich hätte dieses bittere Gefühl mit nach Hause genommen, wenn ich nicht nähergetreten wäre. Da stand nämlich ein Schild unter der großen Schrift. Darauf befand sich ein Gebet. Das Gebet lautete nicht: »Vergib unseren ehemaligen Feinden, den Deutschen, was sie uns angetan haben!« Sondern es hieß etwa: »Vater vergib, daß wir so gleichgültig und lieblos gegeneinander sind. Vergib, daß wir versuchen, einander zu übervorteilen. Vergib, daß wir andere Menschen bloß zu unserem Vergnügen benutzen. Vergib, daß wir unversöhnlich sind, usw.«

Ich las das Gebet, und ich begriff: Nicht eine Gedenkstätte, die an die Schuld der Deutschen erinnert, war diese Ruine, sondern ein Mahnmal, das die Gründe und Ursachen für Haß und Mord und Krieg in uns selber zum Bewußtsein bringen soll.

Ich habe in Coventry ein wenig mehr begriffen, was Beten heißt. Beten ist nicht Selbstberuhigung, sondern immer Einkehr bei uns selbst. Nicht bloß die Befreiung der Geiseln darf deshalb Inhalt der Gebete am Dienstag in München und anderswo gewesen sein. Und nicht bloß die Vermeidung von Übel darf der Inhalt unseres Gebets heute sein. Wo gebetet wird, da geht es auch um uns selber, um unser Tun und Denken.

Und wie steht es damit? Da findet sich bei uns allen der Gedanke an Rache, der Ärger darüber, daß drei der Terroristen am Leben geblieben sind. Und der Ärger, daß sie nach unseren Gesetzen nicht einmal getötet werden dürfen. Vielleicht ist es natürlich, so zu denken. Aber trotzdem, das ist nichts anderes als Haß.

Ob das Beten von München nützte oder sinnlos war, das hat sich nicht entschieden, als die Geiseln erschossen wurden. Es entscheidet sich jetzt und in Zukunft, in der Welle des Hasses, die nun um die Welt geht. Es entscheidet sich auch bei uns, hier in Limburg, zu Hause und in allem, was wir tun.

Noch eine kleine Beobachtung, die ich wieder an mir selber anstellen mußte: Ich holte gestern mittag eine Zeitung am Bahnhof. Vor dem Gebäude stand eine Gruppe von Männern mit Riesenkoffern: Braun, dunkle Augen, schwarze Haare, schwarze Schnurrbärte. Mein erster Gedanke: »Araber. Vielleicht haben die auch Waffen in den großen Koffern.« An der Sprache konnte ich im Vorbeigehen nicht erkennen, um welche Nationalität es sich handelte. Aber ich sagte mir: »Unsinn! Hier gibt es soviel Araber gar nicht. Bestimmt waren es Griechen oder Türken oder Jugoslawen.« Nur – das ungute Gefühl blieb, auch als ich ihnen den Rücken kehrte und wegging.

Sie werden es alle zu spüren bekommen, daß sie hier fremd sind: die dunkelhäutigen und dunkeläugigen Menschen mit den schwarzen Haaren und den schwarzen Schnurrbärten. Jetzt noch mehr als bisher. Das läßt sich schon voraussehen. Und erst recht werden sie es alle zu spüren bekommen, wenn es nicht das Blut von Israelis ist, das auf deutschem Boden vergossen wird, sondern wenn ein Vergeltungsschlag uns selbst trifft.

Ein Wort aus der Bibel, das wir alle kennen, heißt: »Glücklich sind die Friedensmacher; denn Kinder Gottes sollen sie genannt werden.« Das ist kein Lob für Menschen, die besser sind als andere. Das ist auch keine Handhabe zur Verurteilung der Friedensstörer, der Unbequemen und Fremden und Terroristen und wer es sein mag. Dieses Wort Jesu ist eine Einladung, eine Einladung an uns: Glücklich sind die Friedensmacher! Sind wir solche? Was tragen wir zum Frieden bei? Wo helfen wir den Haß zu verringern?

Gewiß – wo Terroristen Geiseln festhalten und erschießen, da sind wir machtlos. Aber daß wir gar nichts damit zu tun haben, das stimmt nicht. »Glücklich sind die Friedensmacher« – darauf kommt's an. Das hat uns der Schrecken und Haß auch deutlich gemacht. Unsere Welt braucht nichts mehr als Friedensmacher, daß heißt Menschen, die wissen: Es lohnt sich, für den Frieden einzutreten, auch wenn die Gewalt stärker ist. Es lohnt sich Menschen zu helfen, daß

sie ein Stückchen Frieden finden, auch wenn sie braune oder schwarze oder blonde oder weiße Haare haben.
So denken nicht alle Menschen. Das ist wahr. Aber das braucht uns nicht zu verwundern. Meist sieht es so aus, als gehörten zum Glücklichsein ganz andere Dinge: Gesundheit, langes Leben, Geld, Ansehen, gute Freunde oder gar Macht. Und wenn man's hat, dann kommt's nicht darauf an, wie man es erworben hat.
Es ist keine Selbstverständlichkeit, sondern ein Vorzug, das andere zu wissen: »Glücklich sind die Friedensmacher«, auch wenn ihnen noch soviel anderes abgeht und wenn sie noch so oft enttäuscht werden. Das ist der Sinn des Betens: Festhalten an der Hoffnung trotz aller Enttäuschungen, daß es wirklich gilt: »Glücklich sind die Friedensmacher; denn Kinder Gottes sollen sie genannt werden«. Das heißt Beten und das heißt: an Gott glauben.
Drum ist es recht zu bitten, auch für die, denen niemand helfen kann. Denn es zählt nicht der Terror und nicht die Gewalt, es zählt nur der Friede: der Friede, auf den wir hoffen, und der Friede, für den wir leben.

Mut zum Beten!
Heinz-Dieter Knigge

(Lukas 11,5–10)

Die Dame, mit der ich sprach, war sehr erregt. »Das geht aber nun wirklich zu weit«, sagte sie. »Jetzt ist sogar schon in den Predigerseminaren das Tischgebet abgeschafft. Und das wollen doch alles einmal Pastoren werden!«
Es fiel mir schwer, die entrüstete Dame ein wenig zu beruhigen. Ich sagte ihr: »Sie haben recht: früher war es selbstverständlich, daß die Kandidaten in den Seminaren vor dem Essen beteten. Aber viele haben das als Zwang empfunden. Jetzt ist das Tischgebet freigestellt. Manche beten vor dem Essen, manche beten nicht. Es gibt keinen Zwang mehr zum Beten.« Aber offenbar richtete ich wenig

aus. »Christen müssen beten«, sagte die Dame und verabschiedete sich höflich, aber eiskalt. – Müssen Christen beten?
Ich weiß von manchen Menschen, daß sie die Sitte des Gebets als eine echte Hilfe verstehen. Andere sagen mir, daß sie nicht mehr beten können, weil sie schon als Kinder diese Sitte als einen lästigen Zwang empfunden haben. Ich finde, daß es gar nicht selbstverständlich ist, daß einer betet. Mir fällt es oft schwer. Ich zwinge mich nicht zum Beten. Aber manchmal habe ich Glück. Manchmal begegnet mir etwas, das mir Mut zum Beten macht – in der Geschichte z. B., die ich Ihnen gerne erzählen möchte:
Beppo heißt der Junge, Beppo Sala. Er ist acht Jahre alt. Er wohnt in Italien, in Arcorle. Seine Eltern sind arm. Sie haben sechs Kinder und eine sehr kleine Wohnung. Beppo muß mit seinem Bruder Pedro in einem Bett schlafen. Neulich haben die Eltern Beppo erzählt, daß die Mutter wieder ein Kind kriegt. Beppo hatte es schon bemerkt. Der Bauch der Mutter wurde immer dicker. Beppo machte sich Sorgen. »Wo soll das Baby schlafen?« Beppo wußte: Auch die Eltern machten sich Sorgen. Sie sagten nur nichts.
Eines Tages – auf dem Weg zur Schule – sieht Beppo einen Mann, der wunderschöne rote Luftballons verkauft. Beppo möchte einen Luftballon haben. Er hat eine Idee. Beppo läuft hinter dem Luftballonverkäufer her. Zwanzig Lire kostet ein Ballon. Eine Menge Geld für Beppo. Aber er muß einen Ballon haben. Er kauft ihn sich.
Beppo geht heute nicht mehr zur Schule. Er geht auf einen Hügel vor dem Dorfe. Er bindet seinen schönen roten Luftballon an der Schultasche fest. Beppo nimmt sich ein Stück Papier, einen Kugelschreiber und schreibt: »Lieber Gott, in ein paar Wochen bekommen wir ein Baby. Sechs Kinder sind wir schon, und wir wohnen in einer zu kleinen Wohnung. Bitte, lieber Gott, mach doch, daß wir Bettzeug bekommen und dem Baby einen Strohsack zurecht machen können. Es kann auch ruhig etwas Gebrauchtes sein. Ich wohne in Arcorle. Dein Beppo Sala.« Beppo befestigt seinen Brief am Luftballonband. Er läßt die Schnur los. Der Ballon steigt in die Luft. Bald ist nur noch ein kleiner, roter Punkt am Himmel zu sehen, zu dem Beppo noch lange emporschaut.
In den nächsten Tagen kann es Beppo kaum aushalten. Nichts geschieht – außer, daß er nachsitzen mußte, weil er die Schule ge-

schwänzt hatte. Aber dann, am vierten Tag, geschah doch etwas. Der Paketbote brachte ein Paket. Der Vater sagte: »Das muß ein Irrtum sein. Wir kennen niemanden in Rovigo. Und geschenkt nehme ich nichts, das wissen Sie doch. Schicken Sie das Paket wieder zurück.« Beppo war sehr aufgeregt. Aber der Postbote sagte: »Da ist ja gar kein Absender angegeben! Ich kann das Paket nicht zurückschicken.« Beppo rief: »So macht es doch wenigstens einmal auf! Dann werden wir ja sehen, ob es für uns ist oder nicht!« Widerwillig ging der Vater auf Beppos Vorschlag ein. Dann staunten alle – über die Windeln, die winzige Babywäsche. Nicht gerade nagelneu, aber heil und sauber. Es war wie ein Wunder. Vom Zurückschicken war nicht mehr die Rede. Der Paketbote verließ erleichtert die Wohnung. Auch Beppo schlich sich fort. Er ging zu seinem Hügel. Voll Dankbarkeit sah er zum Himmel, der heute genauso blau war wie vor vier Tagen, als der rote Luftballon dort oben verschwunden war.

Ich kann mich wiederfinden in dieser kleinen Geschichte und in ihren Personen. Da ist Beppos Vater: »Nein, geschenkt nehme ich nichts.« An ihm wird uns deutlich, wie schwer es uns fällt, uns beschenken zu lassen – nicht nur in äußerer Not, noch mehr vielleicht in innerer. Wir kapseln uns ab, treten den Rückzug an in die eigene Enge. Insgeheim meinen wir, unsere Not sei unsere eigene Schuld. Deshalb lassen wir niemanden an uns heran. Es ist unser Stolz, der dann sagt: »Nein, schenken lasse ich mir nichts.« Wir meinen, wir müßten für alles bezahlen. Und spricht nicht unsere Erfahrung dafür, daß irgendwann uns so oder so doch eine Rechnung präsentiert wird? Das macht das Bitten schwer; wohl auch das Beten.

Und doch bleibt es wahr, daß wir vom Geschenkten leben und nicht vom Verdienten. Beim Brot fängt das an, das uns die Nachbarin borgt, wenn wir – zu spät – feststellen, daß wir vergessen haben, neues zu kaufen. Und es reicht weiter, bis hin zu einem Menschen, der da ist, wenn wir ihn brauchen, der durch seine Hoffnungen auch uns Vertrauen zum Leben schenkt, der durch seine Ängste auch uns das Rätsel unseres Lebens deutlich macht. Vom Geschenkten leben wir und nicht vom Verdienten.

Ich kann mich wiedererkennen in unserer kleinen Geschichte und in ihren Personen. Da ist der unbekannte Paketabsender aus Rovigo.

Ich kann mir vorstellen, wie das war, als er den schlaffen Luftballon, bei einem Spaziergang vielleicht, fand. Neugierig zuerst las er den Zettel. Dann mögen Widerstände dagewesen sein; die Versuchung, den Zettel einfach fortzuwerfen. Aber schließlich siegte doch das Lächeln auf dem Gesicht des Finders, das Lächeln über soviel Vertrauen und soviel kindlichen Glauben. Und noch etwas kann ich mir vorstellen: Wie dieses Lächeln dem Nachdenken wich, als der Finder merkte: »Ich, und nur ich bin jetzt eingeladen, für Beppo die Rolle Gottes zu spielen!« Und diese Einladung wird zum Auftrag, dem er sich nicht entziehen kann. Er schickt das Paket ab, ohne Absender. Er weiß, der Dank wird den erreichen, dem die Bitte galt.
Ich kann mich wiederfinden in unserer kleinen Geschichte und in ihren Personen – auch in Beppo. Ich bewundere seinen Mut, mit dem er die eigene Lage und die seiner Familie erkennt, mit der er sich der dumpfen Resignation und der stummen Verzweiflung widersetzt. Mir gefällt es, daß er nachdenkt, Verantwortung übernimmt und handelt. Er meint nicht, seine Situation sei nicht mehr zu ändern. Nein, er bricht aus der Enge aus. Er entwickelt Phantasie. Er besteht auf einem menschenwürdigen Leben.
Ich weiß nicht, ob Beppo regelmäßig sein Abendgebet sprach oder ob bei den Salas vor dem Essen gebetet wurde. Aber durch Beppo lerne ich viel über das Beten. Er zeigt mir: Beten hat nichts mit Flucht zu tun, mit »Hände-in-den-Schoß-legen« oder so. Beten ist verantwortliches Nachdenken über die eigene Lage und über die meiner Mitmenschen. Es ist ein verantwortliches Nachdenken, daß das Bitten nicht scheut, das zum Handeln führt.
Allerdings, der schöne rote Luftballon mußte vom Himmel wieder zur Erde zurückkommen, damit die Bitte des kleinen Beppo erfüllt werden konnte. »Zufall«, mag da manch einer sagen. »Und wenn der Luftballon ins Meer gefallen wäre?« Er fiel aber nicht ins Wasser, in unserer Geschichte nicht. Und nicht nur in ihr geht es so zu, daß Bitten auch einmal an die richtige Adresse kommen, daß kindliches Vertrauen nicht enttäuscht wird. So will Gott angesprochen sein von uns. Jedenfalls der Gott, von dem Jesus zu uns sagt: »Nur wer das Reich Gottes annimmt wie ein Kind, der wird in es hineinkommen.«
Beten ist wirklich nicht selbstverständlich. Wahrscheinlich ist richtiges Beten nie selbstverständlich gewesen. Wir brauchen uns nicht

zum Beten zu zwingen. Wir brauchen kein schlechtes Gewissen zu haben, wenn es uns schwerfällt, wenn wir nicht mehr beten können: Gott ist nicht nur für die Menschen da, die beten. Er ist auch da für die, die es verlernt haben.
Vielleicht möchten wir es wieder einmal ausprobieren – zu beten. Wir könnten dabei neue Erfahrungen machen. Das Dunkel, in das Gott für uns so oft gehüllt ist, könnte lichter werden. Das Dunkel, das uns selbst und unsere Mitmenschen so oft umgibt, könnte sich ebenfalls aufhellen. Allerdings bleibt da ein Wagnis. Denn eine Garantie dafür, daß wir Gehör finden, daß unser Luftballon nicht ins Meer fällt, haben wir nicht. Aber wir können den Versuch wagen. Jesus von Nazareth möchte uns Mut machen dazu. Unser Predigttext lautet:
»Stellt euch vor, jemand geht mitten in der Nacht zu seinem Freund und sagt: Lieber Freund, hilf mir mit drei Broten aus! Ich habe gerade Besuch von auswärts bekommen und kann ihm nichts anbieten. Und stellt euch vor, euer Freund im Haus würde rufen: Stör mich nicht. Die Tür ist schon zugeschlossen. Ich bin mit den Kindern im Bett. Ich kann nicht aufstehen und dir etwas geben! Ich sage euch: Wenn er nicht aus Freundschaft aufsteht und das Brot gibt, so wird er doch aufstehen und alles geben, was der Bittende braucht, wenn der so unverschämt ist, immer weiter zu bitten. – Deshalb sage ich euch: Bittet, so wird euch gegeben. Sucht, so werdet ihr finden. Klopft an, so wird euch geöffnet. Denn wer bittet, empfängt. Wer sucht, findet. Und wer anklopft, dem wird geöffnet.«

(Überarbeitete Fassung einer zuerst in: Homiletische Monatshefte, 50. Jhg. Heft 6, 1975, S. 255–258, veröffentlichten Predigt. – Nacherzählt wurde die Geschichte von Barbara Imgrund, Beppo, in: Vorlesebuch Religion 1, hg. von D. Steinwede und S. Ruprecht, 1971, S. 312–314.)

Muß man wirklich Babies taufen?

Andreas Seifert/Beate Stierle

(Römer 6,3–11)

Werner saß auf dem Platz vor der Kirche im Spiel mit anderen Kindern und erzählte jedem, der es wissen oder auch nicht wissen wollte: Gestern, am Sonntag, sei er getauft worden. Von Zeit zu Zeit stand er auf und lief zu einzelnen vorübergehenden Erwachsenen hinüber, die er kannte. Und er erzählte ihnen dasselbe. Dieser oder jener, der das schön fand, hätte sogar geschworen, daß er es mit strahlendem Gesicht sagte. Werner war getauft worden. Dabei stimmte es überhaupt nicht ...

Werner ist noch nicht getauft, obwohl er inzwischen so groß ist, daß er sich überlegen kann, wie man andere an der Nase herum führt. Er weiß es von seinen Eltern, daß er – anders als die meisten anderen Kinder seines Alters – noch nicht die Taufe empfangen hat. Eigentlich macht ihm das nichts aus. Er weiß nicht recht, ob er da etwas Wichtiges versäumt hat. Schief angesehen worden ist er deshalb noch von keinem. Schließlich ist sein Vater von Beruf Pastor und muß es ja wissen.

Nur neugierig ist Werner geworden, seit er weiß, daß er nicht getauft ist. Neugierig darauf, was die anderen wohl sagen würden, wenn er es nun doch wäre. Er hat es einfach mal ausprobiert, einfach auf dem Kirchplatz den Vorübergehenden weißgemacht: Ich bin getauft worden.

Was die wohl für ein Gesicht gemacht haben? Und wirklich, was hätte man Werner antworten sollen? »Na endlich, es wurde auch Zeit!« Das hätte zur geschauspielerten Freude des Jungen sicher schlecht gepaßt. Oder vielleicht: »Herzlichen Glückwunsch!« Ja, sagt man das zu einem Täufling? Besser wohl: »Das ist aber schön, Werner.« Denn so eine Antwort beläßt alles im Unverbindlichen.

Warum aber schön? Warum ist Taufe etwas Schönes? Wenn ich eine Antwort suchen müßte, die mich auch selbst überzeugt, käme ich ins Stocken. Wir alle wissen es ziemlich genau. Taufen, das ist gut und richtig und ja auch der erklärte Wille unseres Herrn. Wir fühlen, daß es einfach richtig ist zu taufen, auch schon die kleinen, unmündigen Kinder. Aber das in Worte zu fassen, zu begründen, da wird es schwer.

Und darum reden wir – die Getauften – auch nicht weiter davon. Wer weiß schon auswendig, an welchem Tag er getauft ist, oder kennt gar den Bibelvers, der für ihn über dem Taufbecken gesprochen wurde. Wenn Werner älter wird, wird es ihm auffallen, daß wir unsere eigene Taufe kaum wichtiger als die Kinderschutzimpfungen nehmen und daß wir sie trotzdem keinesfalls missen möchten, obwohl wir nicht darüber reden.

Werners Eltern waren der Meinung, ihr Junge solle erst erfahren, was in der Taufe mit einem Menschen passiert, ehe er sich selbst taufen läßt. Wenn es viele dieser Werners gäbe – ich kenne schon eine ganze Reihe –, dann könnte es uns selbst wohl eines Tages passieren, daß wir einem dieser Kinder erklären müßten, warum es für jeden Menschen sehr wichtig ist, sich unter allen Umständen auch taufen zu lassen.

Nur, was sagen wir dann? Wenn wir Römer 6 aufschlagen – unseren Predigttext – und Paulus zitieren, hätten wir etwas Richtiges gesagt. Nur hätte uns Werner nicht verstanden. Denn was heißt wieder: »Wir sind auf Christi Tod getauft. Die Macht der Sünde über unseren Leib ist dadurch zunichte geworden, so daß wir jetzt nicht mehr im Sklavendienst der Sünde stehen.« Wie können wir das für Werner so übersetzen, daß er immer entschlossener denkt: Taufe, das ist so schön und so wichtig, das will ich unbedingt auch gerne geschenkt bekommen.

Neulich saß in einer Gemeinde ein Gesprächskreis zusammen. Eigentlich sollte es um ganz andere Dinge gehen. Angestoßen durch eine Kinderschwester, kam die Unterhaltung auf das Thema Taufe. Die Schwester hatte von einem Kind erzählt, das auf ihre Station gekommen war. Es war zu früh geboren worden, war nicht lebensfähig gewesen und war gestorben, nur drei Tage alt.

Die Kinderschwester erzählte dann, ihre Stationsschwester hätte das Kind, kurz ehe es starb, noch getauft. Sie hätte Wasser genommen, sagte sie, und irgend etwas dabei gesagt. An der Art, wie sie davon erzählte, war abzulesen, daß sie nicht einverstanden war mit dem, was ihre Stationsschwester da getan hatte.

Es war erst Schweigen in der Runde. Dann sprach sie einer an. »Sie hätten das wohl nicht getan?« Die Schwester wurde ein wenig unsicher. Doch dann gab sie zu: »Nein, ich hätte es nicht getan. Und ich habe so etwas auch überhaupt noch nie getan. Ich wüßte auch

gar nicht, wie ich mich bei so einer Nottaufe anstellen sollte.« Doch – für die andern überraschend – fügte sie nach einer kurzen Pause hinzu: »Die Eltern waren allerdings irgendwie erleichtert, als wir ihnen erzählten, ihr Kind sei, ehe es starb, noch getauft worden.«
Sie könne das freilich nicht recht verstehen, sagte sie. Die Stationsschwester, die das Kind getauft hat, hätte ihr sogar gesagt, daß das der Hauptgrund gewesen sei, warum sie's getan habe. Für viele Eltern sei es einfach eine Beruhigung, zu wissen, daß ihr Kind vor dem Tod noch getauft worden sei. Manchmal sage sie es auch nur, selbst wenn es nicht geschehen ist.
Das letzte gab Aufruhr in der Runde. Um dem abzuwehren, wandte sich die Schwester an einen älteren Pastor und fragte: »Was haben die Eltern eigentlich davon, wenn das Kind getauft ist, das ändert doch nichts, ob es getauft oder ungetauft stirbt. Es war ganze drei Tage alt.«
Der Pfarrer überlegte kurz und antwortete: »Sie erwarten wohl, daß ein Kind durch die Taufe irgendwie vor Unglück oder Tod geschützt wird? Dazu ist die Taufe nicht da.« Aber dann wurde es den anderen ungemütlich, als er fortfuhr: »Die Taufe versichert uns, daß uns unsere Sünden vergeben sind.« Die Schwester hakte auch sogleich ein und fragte zurück: »Auch einem drei Tage alten Kind sind Sünden zu vergeben? Was hat es denn für Sünden getan?« Da war das Gespräch am kritischen Punkt. Einer versuchte zu erklären. Sünden, damit seien nicht einfach moralische Verfehlungen gemeint. Es geht nicht darum, daß einer lüge oder stehle oder sonst etwas tue, was in unserer Gesellschaft nicht erlaubt ist. Das sei gemeint, daß es Mächte gäbe, vor denen wir kapitulieren müßten, die uns an unsere Grenzen brächten, z. B. an die Grenzen unserer Leistungsfähigkeit. Mächte, vor denen wir hilflos seien, gegen die wir nicht ankönnten, die uns Angst machten und uns zur Verzweiflung bringen könnten. Diese Angst vor bedrohlichen Mächten sei durch Christi Tod hinfällig geworden, auf den wir alle getauft seien.
Aber die Kinderschwester schüttelte immer wieder den Kopf. »Ich kann es vielleicht im Blick auf Erwachsene verstehen«, sagte sie. »Aber was bedeutet es für ein Kind? Was bedeutet es im Blick auf ein Kind, das schon nach drei Tagen stirbt?« Sie könne allenfalls dies zugestehen, sagte sie weiter, daß hier die Taufe ein letzter hilfloser Versuch sei, für das Kind alles zu tun, um es am Leben zu

halten. Sie könne jedenfalls nicht glauben, daß die Eltern aus irgendeinem anderen Grund beruhigt gewesen seien.

Da fiel einem aus dem Kreis noch eine Erklärung ein, und die blieb am Ende unwidersprochen. »Vielleicht ist es auch nur so«, sagte er, »daß das Kind in den Augen der Eltern wie ein Mensch behandelt worden ist. Wie ein richtiger Mensch und nicht nur wie ein Fall oder eine Nummer oder ein namenloses Wesen.«

Diese letzte Bemerkung hatte bei allen Teilnehmern irgendwie Zustimmung gefunden und ihnen sogar geholfen, die Beruhigung der Eltern über die Taufe ihres Kindes ein bißchen besser zu verstehen. Ist es in der Tat nicht so, daß mit der Taufe über einem Menschen, möglicherweise über einem kleinen und hilflosen Wesen dies gesagt wird: Du bist ein Mensch! Auch wenn du hilflos und armselig daliegst, du bist ein Mensch, der für uns einen Namen hat. Ein Mensch, den wir lieb haben und nicht verlieren möchten. Du bist ein Mensch, der für uns wichtig ist, auch wenn du nur drei Tage lebst. Und wenn es vielleicht kein Mensch zu ihm sagt, dann gilt dies doch für Gott: Du bist mein Mensch! Du bist keine Nummer für mich. Du bist auf deine Weise einzigartig und unverwechselbar für mich. Ich liebe dich.

Ich denke wieder an Werner und daran, daß wir ihm ja verständlich machen müssen, wie schön und hilfreich es für einen Menschen ist, getauft zu sein. Ich glaube, schon ein heranwachsender Junge kann zu verstehen beginnen, was mir an meiner eigenen Taufe inzwischen sehr wichtig geworden ist, nämlich zu wissen: Ich bin untrennbar mit Gott verbunden. Ich bin aufgehoben und beschützt, wie auch immer es mit mir steht. Vor allem, was auf mich zukommt, brauche ich nicht in Angst zu fallen. Ich kann um Hilfe rufen, wenn ich nicht weiter weiß, und Jesus hört mich.

Das tröstet mich, und das will jeden Menschen trösten, der wie wir alle auf den Tod Christi getauft und in ein neues Leben hineingestellt worden ist, frei vom Sklavendienst der Sünde. Getauft zu sein ist auch ein Trost. Vor allem in Situationen, in denen wir von diesem neuen Leben wenig zu spüren meinen und an uns selbst zweifeln möchten und fragen, welchen Sinn unser Leben noch hat. Wir machen alle die schockierende Erfahrung, daß wir ersetzbar und austauschbar sind, ganz und gar unwichtige Menschlein. Da hilft es mir, mich an meine Taufe zu erinnern, wo mir wie uns allen auf den Kopf zugesagt worden ist: Du bist ein wichtiger Mensch. Ich, Gott, liebe dich. Vor mir giltst du viel. Ich habe dich bei deinem Namen gerufen. Ich gebe sogar mein Leben für dich.

Um Krieg und Frieden, Tod und Gott
Beate Stierle

(Ohne Text, die Lesung von Römer 12,14–21 geht voraus)

Es war eine erregte Diskussion gewesen. Wie man darauf gekommen war, das wußte nachher keiner mehr. Aber plötzlich stand es im Raum, das Thema Volkstrauertag.

Ein junger Pastor, der in der Runde saß, hatte es dann aufgegriffen und gesagt: Ja, das sei so ein Problem. Er müsse zu diesem Tag reden. Aber er wisse nicht so recht, was er da reden könne. – Stellen Sie sich doch vor, sagte er, da ist ein Stein auf dem Friedhof, ein grauer Stein mit vielen Namen. Es sind die Namen der Leute, die im 1. und 2. Weltkrieg gefallen sind. Es sind viele Namen. Manche Familiennamen kommen gleich ein paarmal vor. Es sind also manchmal mehrere aus einer Familie umgekommen. Und das in einem Dorf. Manche Namen kennt man schon fast nicht mehr. – Dann wird ein Kranz niedergelegt, um den Toten Ehre zu erweisen. Der junge Mann schwieg eine Weile. Dann wandte er sich an einen der älteren Herren, die da in der Runde saßen. Können Sie mir sagen, fragte er, was das ist, »Ehre für Tote«? Ehre für Menschen, die in diesen Kriegen gefallen oder umgekommen sind?

Und als der nicht gleich antwortete, brach es heftig aus ihm heraus: Er habe noch ein paar Kindererlebnisse vom Krieg. Und die seien sehr zwiespältig. – Ich sehe noch vor mir, sagte er, wie mich meine Mutter nachts aus dem Bett holte und wie wir im Keller saßen, während die Bombenflugzeuge über uns kreisten. Ich weiß, es war kalt im Keller, und ich hatte Angst. Und dann weiß ich noch, wie Polen zu uns kamen. Es war Winter, und sie bettelten um Brot. Ich erinnere mich noch, daß meine Mutter einmal sagte: Der eine ist ja barfuß. Und draußen lag Schnee. Und dann habe ich zerbombte Städte ge-

sehen, nicht nur in Deutschland, auch anderswo. Ich habe auch das Warschauer Getto gesehen. Wo früher viele Menschen gewohnt haben, da ist heute ein weiter freier Platz mit einem Stein. Aber auf diesem Stein stehen keine Namen, weil die keiner mehr kennt.
Sehen Sie, sagte der junge Pastor, immer noch zu dem alten Herrn gewendet, damit werde ich nicht fertig. Da sind Leute im guten Glauben hüben wie drüben in den Krieg gezogen. Ich glaube wohl, sie haben viel drangegeben. Sie haben viel geopfert. Aber ich frage mich: Wofür eigentlich? Im Grunde ist doch nur Elend und Leid entstanden. Ich meine, es war sinnloses Elend und sinnloses Leid. Verführung war im Spiel. Eine immense Schuld ist angehäuft worden. Und was ist da Ehre? Die Leute sind hüben wie drüben, lassen sie es mich offen sagen, im Dreck umgekommen, ermordet worden. Wenn ich an das alles denke, dann löst es bei mir sehr gemischte Gefühle aus: Schrecken, Angst, Schuld, Entsetzen. Ich weiß, und gerade das ist das Schlimme: Ich selber bin mitten drin in diesem Zusammenhang, den ich kaum begreife, den ich als sinnlos und als Makel empfinde und den ich manchmal abschütteln möchte und doch nicht kann. Ehre, er lachte bitter. Er sah sich in der Runde um und wandte sich noch einmal dem alten Herrn zu: Ehre, ja, was ist das denn? Wissen Sie es?
Der alte Herr nahm erst einen Schluck aus seinem Glas und sagte dann langsam: Sehen Sie, wir sind drei Brüder gewesen. Wir waren alle drei im Krieg. Ich bin als einziger zurückgekommen. Einer meiner Brüder wäre heute vielleicht Professor. Er war sehr klug. Wir sind damals Soldaten geworden, weil es um Volk und Vaterland ging. Sie sagen: Verführung sei im Spiel gewesen. Das hat doch damals keiner gewußt. Wir haben unsere Pflicht tun wollen. Wir haben Schlimmeres abwenden wollen. Wir haben nur versucht, unsere Pflicht so gut und recht wie möglich zu tun. Aber dem Krieg konnten wir uns nicht entziehen. So etwas läßt sich heute leicht sagen. Aber damals? Ich empfinde es noch immer wie ein Verhängnis, das uns einfach mitgerissen hat.
Eine junge Frau schaltete sich ein. Eben das verstehe sie nicht, sagte sie. Und dann erzählte sie: Ihr Vater sei in der SS gewesen. Heute schäme er sich, daß er damals dabeigewesen sei. – Sie wandte sich an den alten Herrn: Mein Vater argumentiert wie Sie, sagte sie. Er sagt, er hätte nur seine Pflicht getan. Er hätte um die Ehre der Na-

tion gekämpft. Er hätte große Opfer gebracht. – Wissen Sie, fuhr die junge Frau fort, ich glaube, daß mein Vater heute so reden muß, weil er sich doch irgendwie rechtfertigen möchte. Er kann nämlich nicht zugeben, daß er Jahre seines Lebens, und noch dazu die besten Jahre seines Lebens, an eine sinnlose Sache gehängt hat und daß er dazu verführt worden ist. Und ein wenig kann ich es verstehen, denn das erträgt keiner so leicht. Da verschönt man lieber die Vergangenheit. Ich bin auch lieber Held als ein Dummkopf. Nur, ich finde, eben so verdrängt man die Wirklichkeit, weil man nicht zugeben kann, daß man da Mist gebaut hat. Und damit versäumt man auch das andere, nämlich die Leute zum Frieden zu erziehen.

Der alte Herr wurde unwillig. Zum Frieden erziehen, entgegnete er etwas schroff, das heißt bei Ihnen wahrscheinlich, den Wehrdienst verweigern oder Revolution machen. Aber damit machen Sie es sich doch etwas zu leicht. Ein wenig ruhiger fuhr er fort: Ich glaube, wir müssen endlich einmal begreifen, daß wir den Frieden nicht so einfach in der Hand haben. Das habe ich mit dem Stichwort »Verhängnis« andeuten wollen. Was wir an Frieden bisher zustandegebracht haben, das erscheint mir jedenfalls sehr zweifelhaft. Der alte Herr wandte sich wieder dem jungen Pastor zu. Wissen Sie, sagte er, ich möchte glauben, daß auch dieses Stück Geschichte von Gott gewollt war. Mit aller Fragwürdigkeit. Und auf den echten, den wahren Frieden, ich glaube, auf den warten wir noch immer. Aber dieser Friede Gottes, der gehört wohl in eine andere Welt. – Er lehnte sich im Stuhl zurück, sah noch einmal die junge Frau an und sagte: Ich glaube, das sollte man den Leuten predigen. Ja, man sollte ihnen sagen, sie sollten lieber Gott loben und um Vergebung ihrer Schuld bitten. – Er sah jetzt den jungen Pastor an: Meinen Sie nicht auch, daß das die Leute brauchen?

Dieser dachte einen Augenblick nach. Das ist mir zu wenig, sagte er dann. Sehen Sie, das ist ja gerade meine Schwierigkeit. Ich möchte Gott loben. Aber wie kann ich ihn eigentlich loben, angesichts der Sinnlosigkeit und Schuld, in die ich mitverstrickt bin? Wissen Sie, auch eines glaube ich Ihnen nicht, fuhr er fort. Der Friede Gottes gehört nicht nur in eine andere Welt. Sonst hieße es nicht in der Weihnachtsbotschaft: Friede auf Erden. Ich glaube oder hoffe doch, daß ich von diesem Frieden zumindest Spuren hier auf der Erde entdecken kann. Im Neuen Testament wird jedenfalls berichtet, daß die Leute, die Jesus von Nazareth begegnet sind, ein Stück wirklichen Frieden gefunden hätten. Also gibt es ihn doch, und zwar auf der Erde. Ich möchte glauben, es gibt ihn auch heute unter uns irgendwo. – Gewiß, ich gestehe Ihnen zu, daß der Friede Gottes sicher mehr ist, als was wir Menschen zustande bringen. Hoffentlich ist er das. Aber ich möchte vom Frieden doch schon jetzt erzählen können. Sehen Sie, wenn ich mir so vorstelle, zu welchen Menschen ich an diesem Sonntag reden soll ... Da ist z. B. eine alte Frau. Ihr einziger Sohn ist im Krieg geblieben. Vermißt in Stalingrad. Jetzt lebt sie allein. Der Betrieb ist in fremde Hände übergegangen. Sie ist alt und inzwischen hilfsbedürftig. Sie wird zwar versorgt, aber sie ist doch allein. Ich möchte dieser Frau vom Frieden, vom Frieden auf Erden erzählen können. Vom Frieden, der ihr gilt. Ich möchte ihr sagen, daß ihr Leben sinnvoll ist, so wie es jetzt ist. – Dann sind da andere, die im Krieg gewesen sind. Einer bricht jedesmal zusammen, wenn er hört, daß jemand gestorben ist. Er kann den Tod nicht mehr ertragen. Dem möchte ich gerne sagen, daß der Tod nicht schrecklich ist. Ich möchte ihm vom Frieden erzählen, von einem Leben ohne Angst. – Andere werden mir zuhören, die meinen, sie hätten eben Glück gehabt, daß sie davongekommen sind. Und die Jungen, die kennen den Krieg aus eigener Erfahrung nicht. Denen allen möchte ich vom Frieden Gottes auf Erden erzählen, vom Frieden, auf den wir hoffen, von dem wir leben, für den wir verantwortlich sind.

Eine weißhaarige Dame, die bisher schweigend dabeigesessen hatte, mischte sich jetzt ein. Ich habe einmal eine Reise durch Rußland gemacht, sagte sie. Ich bin damals auch nach Kiew gekommen. Früher war dort einmal ein Lager. Jetzt steht dort ein großer weißer Stein. Mich hat sehr beeindruckt, was auf diesem Stein steht. Wenn man es übersetzt, heißt es in etwa: Nichts ist vergessen, niemand ist vergessen.

Wissen Sie, sagte sie und strich dabei eine Falte am Kleid glatt. Das hat mich sehr getröstet. Ich habe an Gott gedacht. Da steht doch irgendwo in der Bibel: Mein ist die Rache, ich will vergelten, spricht Gott. Das fiel mir damals ein. Und ich wußte auf einmal, daß es gut ist, daß er es tut, dann brauchen es nämlich die Menschen nicht zu tun. Es hat mich sogar erleichtert. Ich habe damals nämlich auch bittere Gedanken gehabt. Mein Mann ist in Rußland gefallen. Ich fand es auch sehr tröstlich, daß es da hieß: Niemand ist vergessen. Ich sagte mir: Ja, Gott kennt sie alle. Er weiß um das Unrecht, und er kennt alle, die da gelitten haben und gestorben sind.

Der Spruch leuchtet mir ein, sagte der junge Pastor. Und ich möchte fast meinen, daß es um so etwas geht, wenn wir den Toten »Ehre« erweisen: Niemand ist vergessen. Von Gott, möchte ich sagen. Gott kennt auch die, deren Leben sinnlos verspielt ist. Keiner ist vergessen. Und nichts ist vergessen. Das heißt ja: Auch das Unrecht kann nicht einfach weggewischt werden. Das ist sogar sehr christlich gedacht, denn Gott ist mit dem Unrecht, das geschieht, ja nicht einverstanden. Er übersieht es nicht einfach. Darin liegt ein Stück Ehre für die Toten und ein Stück Warnung für uns alle, die wir manchmal so leichtfertig mitschuldig werden. Und es ist nicht einfach trostlos, denn Gott hat die Strafe für das Unrecht ja seinem Sohn aufgebürdet. Und das ist unser aller Hoffnung: Gott vergißt keinen. Er vergißt auch den nicht, der schuldig geworden ist.

Es war still geworden im Raum. Da unterbrach der alte Herr noch einmal das Schweigen. Er wandte sich an die junge Frau und fragte: Können Sie das wohl verstehen, oder meinen Sie noch immer, man müsse die Leute zum Frieden erziehen?

Die wurde ein wenig verlegen, daß sie noch einmal so direkt angesprochen wurde. Doch sie faßte sich. Ich glaube schon, sagte sie.

Hans Werner Dannowski
Möglichkeiten und Grenzen des Erzählens
Ein Versuch zur Einordnung der vorgelegten Predigtbeispiele

1.

Wenn ich mich über das Erzählen in der Predigt äußere, so geschieht dies im Blick auf zwei Erfahrungen, die ich selbst dabei gemacht habe: Ich habe erlebt, daß sich mir für die Predigt neue Erlebnisbereiche erschlossen und daß die Sonntagspredigt manchem als neu interessant erschien. Aber auch die andere Beobachtung mußte ich machen: daß Hörer mit dem Gefühl nach Hause gingen, der Prediger sei ihnen die Verkündigung der Botschaft eigentlich schuldig geblieben. Und dies geschah zu oft, als daß ich es auf die Dauer der Unbelehrbarkeit der Frommen und Unfrommen zuzuschreiben mich getraute. Es mochte am Ende an der Kritik doch etwas daran sein. Aber was?

Kritiklose Begeisterung über das Erzählen in der Predigt wie pauschale Verdammung erschienen mir mehr und mehr als unangemessene Standorte. Aber woher Kriterien gewinnen, Gedankenraster, durch die Empfindungen und Ahnungen auf die Ebene transparenter Zusammenhänge hinaufgehoben werden könnten? Es fehlte, trotz mancher Versuche, nach meinem Empfinden bisher eine wirklich stringente homiletische Erzähltheorie. Mir ist es so gegangen, daß sich mir erst vom Begriff der »Erzählgemeinschaft« her, den kürzlich Eckhard Rau im Anschluß an Harald Weinrich und Walter Benjamin expliziert hat (WuPKG 1975, Heft 9, S. 342 ff.), eine systematische Verbindung von bisher disparaten Erfahrungen herstellte. Ich bin neugierig, ob es anderen ähnlich geht, und will versuchen, von dieser Frage nach der Erzählgemeinschaft her die hier vorgelegten Predigten zu »orten«.

Daß ich dies nur an wenigen ausgewählten Beispielen tun kann, wird jedem leicht einleuchten. Mehr Kopfzerbrechen bereitet mir die bisherige Erfahrung als Predigtanalytiker, daß ich kaum eine Predigt untersuchen kann, ohne dem jeweiligen Prediger zu nahe zu treten. Das läßt sich anscheinend bei dieser Form der Fernkritik nicht ändern. Betonen möchte ich aber doch, daß ich die kritische

Analyse nicht als forensische, sondern als heuristische Disziplin empfinde und daß die Predigten, die ich kritisch auf die Hörner nehme, mir meist die wichtigsten sind, weil in ihnen ein Prediger mit Konsequenz etwas gewagt hat. Das weiß ich auch: vom Mut und Einsatz der Prediger und nicht vom Scharfsinn der Analytiker lebt die Verkündigung des Evangeliums. Die Predigtanalyse ist eine vielleicht manchmal hilfreiche, gelegentlich ärgerliche und gemessen an der Wichtigkeit des Predigtauftrags sicher sekundäre Sache.

II.

Die erste Möglichkeit, die sich für das Erzählen in der Predigt nahelegt, ist offenbar das Nacherzählen biblischer Geschichten. Läßt sich Predigt auch als Nacherzählen biblischer Erzählungen begreifen? Und wenn ja, unter welchen Bedingungen und in welcher Form?

Das Erzählen biblischer Geschichten hat immer einen festen institutionellen Ort im Kindergottesdienst gehabt. Man geht darum sicher nicht fehl in der Vermutung, daß die dort lebendig gebliebene Erzählpraxis einer der Ansatzpunkte für die neuen Erzählversuche in der Predigt gewesen ist. Erstes Analysebeispiel soll denn auch der Versuch einer Kinderpredigt über Gen. 11 von F. Gölz sein (S. 19).

Gölz erzählt die Geschichte vom Turmbau zu Babel. Harald Weinrich (»Tempus. Besprochene und erzählte Welt«, 1964[2]) hat die Eigenart einer Erzählung am Tempusgebrauch festgemacht, und die Predigt von Gölz ist ein schönes Beispiel für einen konsequenten Erzählstil. Im Präteritum und Plusquamperfekt wird da erzählt, gelegentlich im Konditional. Einzelheiten werden hinzugefügt, Dialoge ausgebaut. Und beim Hörer stellt sich eine Haltung von Entspanntheit ein, die Ausdruck einer gewährten Freiheit ist. Ihm wird eine Geschichte erzählt, die ihn nicht sofort beschlagnahmt und in Anspruch nimmt. Worauf das hinausführt, wird man später sehen.

Dabei hat Gölz den Text genau exegesiert. Er hat ihn als Ätiologie dingfest gemacht. Woher es kommt, daß es soviel Streit und Zerrissenheit und Mißverständnisse unter den Menschen gibt, das will Gen. 11 beantworten. Es macht die besondere Qualität dieser Predigt aus, daß sie diese Ausgangsfrage nicht in Texten einer besprochenen Welt (»Ihr wißt doch alle, wie es ist, wenn sich Menschen streiten«), sondern wiederum als Erzählung darbietet. Von den Buben Levi und Jonathan und Thomas wird da erzählt und wie sie es nicht verstehen können, daß sie nicht miteinander spielen dürfen. Der Großvater erzählt Thomas dann die Geschichte vom Turmbau, damit der Junge versteht, welche tiefen Ursachen der Streit zwischen den Menschen hat und wie allein er überwunden werden kann.

Ich habe schon angedeutet, daß mich diese Predigt als Kinderpredigt sehr beeindruckt. Woher rührt das Überzeugende dieser Predigt, der Eindruck, daß sich hier durch Erzählen völlig zwanglos eine Verständigung zwischen Prediger und Hörern über die Sache ergibt? Da ist einmal die Erfahrungskontinuität zwischen der damaligen und der heutigen Situation. Das Spielen der Jungen, das Eingreifen der Eltern, der Turmbau als Fortsetzung kindlicher Spiele bis in die an Forschung und Technik orientierten Berufswünsche hinein, das zeigt ein Kontinuum von Erfahrungen an, in dem sich ungehindert durch das Erzählen bestimmter Begebenheiten kommunizieren läßt. Es ist *eine* Welt, in der wir leben, in der sich eine Reihe kritischer Fragen nach Zusammengehörigkeit und historischer Distanz noch gar nicht ergeben hat.

Dazu gehört auch das Erleben der Unmittelbarkeit von Erfahrungen. Levi und Jonathan und Thomas, das könnte jeder der Jungen sein, die dort im Gottesdienst sitzen. Die 2000 Jahre Abstand spielen nicht die geringste Rolle, jeder könnte sofort in die Geschichte einsteigen. Längst vergangene (Römer), jüngst vergangene (»heute gehört uns Deutschland ...«) und aktuelle Anspielungen durchdringen sich zu einem unscheidbaren Ganzen. Vom Turmbau zu Babel bis zum Mondflug reicht die Kette unmittelbar evidenter Erfahrungen.

Erfahrungskontinuität und Unmittelbarkeit von Erfahrungen sind offensichtlich zwei der Kennzeichen einer »Erzählgemeinschaft«. Wo sie vorausgesetzt werden können, da kann offenkundig legitimerweise einfach so erzählt werden. Und ich habe keinen Zweifel daran, daß sich Kinder in dieser Predigt wiederentdecken werden, daß das Erzählte ihre Phantasie auf sich zieht, sie zur Identifikation einlädt und ihren Horizont erweitert in Richtung auf die Frage nach der Ursache und nach der Beseitigung des Streits. Denn eine Erzählgemeinschaft bewährt sich auch gerade darin, daß in einen schon bestehenden Gesamtzusammenhang neue Elemente von Welt- und Glaubenserfahrung eingefügt werden.

III.

Kann ich eine Predigt wie die von Gölz auch vor Erwachsenen halten? Sicher in einem Familiengottesdienst, wo die Erwachsenen sie in Solidarität mit ihren eigenen Kindern oder in Rückkehr zu ihrem eigenen Kindheits-Ich aufnehmen und verstehen werden. Welche Probleme aber das Nacherzählen biblischer Texte oder Ereignisse vor einer normalen Gottesdienstgemeinde mit sich bringt, möchte ich an der Predigt von Klaus von Mering über Jesu Kreuzigung diskutieren (S. 56).

v. Mering erzählt eine fiktive Geschichte, die sich am Rande der Kreuzigung Jesu zugetragen haben soll. Erzählt er wirklich? Er läßt einen anonymen Mann berichten, der dies zunächst in präsentischen und perfektischen Tempora tut (Tempora der besprochenen Welt), aber immer wieder auch in erzählende Passagen zurückfällt. Die Predigt erhält von daher ein Klima von Angespanntheit und Bedeutsamkeit. Ein gelassenes Zuhören will sich nicht einstellen. Jeden Augenblick kann etwas für den Hörer Bedrohliches passieren.

Aber es passiert dann doch nicht, bleibt höchstens als leise Irritation im Hintergrunde. Der anonyme Zimmermann berichtet von der Anfertigung einer 8.50 m hohen Leiter, erzählt von dem Auftrag für drei Kreuze und gibt seiner Ratlosigkeit angesichts des sein Kreuz an seinem Haus vorbeischleppenden Berufskollegen Ausdruck. Was hat er getan? Warum wird er gehenkt? Wer ist er eigentlich?

v. Mering baut anscheinend auf die Existenz einer Erzählgemeinschaft, in der sich Erfahrungen von Ratlosigkeit und Beunruhigung angesichts des Mannes Jesus von Nazareth erzählend weitergeben lassen. D. h., ganz vertraut er ihr wohl doch nicht. Die absichtsvolle Einleitung, die auf die notwendige Identifizierung des Hörers mit dem Erzähler hinweist, deutet darauf hin, daß der Prediger nicht mit einer sich von selbst einstellenden Identifikation rechnet. In die gleiche Richtung weist die Anonymität des Erzählers (die offensichtlich den Platz frei halten soll für eine Rollenübernahme durch den Hörer) und der Wechsel zwischen den Tempora der erzählten und besprochenen Welt. Ein ungebrochener Erzähloptimismus hätte hier

naiv eine Geschichte erzählt und darauf vertraut, daß sie dem Hörer etwas sagt.
Die Skepsis v. Merings ist m. E. in der Tat berechtigt. Das Bewußtsein historischer und gesellschaftlicher Kontinuität, das eine die Kreuzigung Jesu und den heutigen Hörer umfassende Erzählgemeinschaft voraussetzt, ist einem durch die Aufklärung hindurchgegangenen kritischen Hörer der Neuzeit längst abhanden gekommen. Eine Geschichte ist längst schon nicht mehr einfach deshalb wahr, weil sie erzählt wird. Eine Erzählung ist längst schon nicht mehr einfach deshalb meine Geschichte, weil dies vorausgesetzt wird. Die historische Frage, die die Distanz zur Zeit Jesu offenhält, und die hermeneutische Frage nach dem, was die Kreuzigung Jesu für mich bedeutet, läßt sich nicht einfach überspringen. Das Bewußtsein der Diskontinuität und der Mittelbarkeit von Erfahrungen läßt sich nicht naiv erzählend übergehen.
Auch eine fiktive Erzählung kann diesen Graben nicht zudecken. Der Predigt v. Merings – sofern sie sich auf eine Erzählgemeinschaft verläßt (und dieses dann doch auch wiederum nicht ganz tut) – fehlt so betrachtet die unmittelbare Evidenz. Sie gerät trotz aller sprachlichen Brillanz nach meinem Empfinden in die Gefahr, daß sie der Zuhörer am Ende dann doch nur als eine zufällige Alltagsgeschichte aus einer längst vergangenen Welt aufnimmt.

IV.

Lassen sich, wenn das Bewußtsein von Diskontinuität die Erfahrungsvermittlung durch Erzählung unterbricht, überhaupt biblische Geschichten und Ereignisse in der Predigt sinnvoll nacherzählen? Ich denke: ja, aber wohl nur unter bestimmten Voraussetzungen. Die Nacherzählung biblischer Texte ist möglich, wenn sie in ihren Elementen und durch ihren Kontext gekennzeichnet ist als subjektiver Deutungsversuch des Predigers, der von dem Hörer nicht eine totale Identifizierung mit dem Erzählten verlangt. Der Prediger sollte m. E. versuchen, durch eine persönliche Spurensicherung und Interpretation der Geschichte den Hörer zu einer Auseinandersetzung mit der in der Erzählung gegebenen Wirklichkeitsdeutung des christlichen Glaubens zu bringen. Biblische Erzählungen werden auf diesem Wege der subjektiven Verifizierung zu »Beispielen für Gott«.

Ich will, was ich meine, an der Predigt von L. Keller über Gen. 19 zu zeigen versuchen (S. 24). Die Geschichte vom Untergang Sodoms und Gomorras ist ja nun wirklich eine bis ins letzte spannende und dramatische Geschichte, die sich wirkungsvoll erzählend in Szene setzen ließe. Keller mißtraut aber von vornherein der erzählerischen Evidenz dieser Geschichte, wie mir scheint zu Recht. Er will sie nicht als eine spannende und bedeutungsvolle Geschichte erzählen, sondern sie als Beispiel nehmen, als Beispiel für eine »Stadt, die brennen muß, weil die Leute dort süchtig sind nach Genuß und Vergnügen«. Lot wird aus einer Figur in einer bestimmten Geschichte zum Beispiel für den Mann, der die Wahrheit und das Leben doch nicht findet, und Lots Weib zum Exempel einer Frau, die nur Mutter und nichts weiter sein kann.
An dem letzten Beispiel wird vielleicht am besten deutlich, wie diese Erzählweise arbeitet. Da ist einerseits das erzählerische Element von Lots Frau, die beim Rückblick auf das brennende Sodom zur Salzsäule erstarrt. Und da ist andererseits die am Volkstrauertag präsente Erfahrung von versteinerten Müttern, die den Verlust ihrer Söhne nicht verwinden konnten. Keller legt beide Ebenen ineinander, und daß Lots Frau zum Denkmal aller gramerstarrten Mütter wird, ist sein subjektiver Deutungsversuch, für den er allein einsteht. Solche Wahrheit ergibt sich nicht aus der Geschichte selbst, andererseits führt die Geschichte über die Verheißungslosigkeit erstarrten Lebens weit hinaus.
Keller knüpft so seine Erzählung immer wieder an einsehbare Lebensweisheiten, gerade, weil er über das Einsehbare glaubend hinausführen will: »Die Gierigen ertragen es nicht, daß jemand unter ihnen der Gier nicht gehorcht.« »Manchmal, sehr selten geschieht das, was nun geschah: daß ein Mensch unangreifbar, unberührbar wird für alle anderen.« Das ist in Sprache geronnene persönliche Lebenserfahrung, die den Hörer versichert, daß die Geschichte von Sodom und Gomorra seine Geschichte erzählt und daß er darum auch der über unsere Wirklichkeit hinausgehenden Verheißung trauen kann.
Sprachlich führt dieser Ansatz bei Keller dazu, daß die Grenzen zwischen erzählter und besprochener Welt niedergelegt werden. Erzählt wird durchgängig im Präsens und im Perfekt, also in den Tempora der besprochenen Welt. Die Besprechung liegt in der Er-

zählung mitten drin. Es ist dies keine notwendige Konsequenz der hier entwickelten Erzähltheorie. Erzählung und Besprechung (als subjektiver Deutungsversuch) lassen sich auch trennen und werden in der Regel auch getrennt sein. Aber beide werden vorkommen müssen, wenn die Erzählung in ihrem allgemeinen Wahrheitsanspruch transparent werden soll. Und eine ganze Predigt als Erzählung zu gestalten, das wird wohl nur auf dem Wege möglich sein, den Keller weist.

V.

Was an der Nacherzählung biblischer Texte und Ereignisse ausgemacht wurde, gilt m. E. ebenso für die Erzählung von Alltagserfahrungen in der Predigt. Daß sich in den Erlebnissen eines Tages Gott erzählen läßt, daß sich die nicht zu bewältigende Flut von Informationen über Fernes und Nahes zurückverwandeln läßt in eine Geschichte, durch die sich Beziehung und Betroffenheit ereignet, das ist die Entdeckung, die manchem Pfarrer wieder Freude an der Predigtarbeit gegeben hat. Aber auch hier kann eine Erzählgemeinschaft nicht einfach vorausgesetzt werden. Auch hier ergibt sich die Evidenz einer Predigt nicht schon dadurch, daß in ihr – und sei es noch so gut – erzählt wird.

Es ist in jüngster Zeit immer wieder versucht worden, eine Predigt ganz als Erzählung einer Alltagsgeschichte zu gestalten. Das interessanteste Beispiel in diesem Band ist ohne Frage die Predigt von Heinz-Dieter Knigge »Wie Herr X etwas von der Liebe Gottes erfuhr« (S. 97). In geradezu virtuoser Weise wird die Erzählung bis zum Ende durchgehalten. Ich bezweifle trotzdem, daß dadurch, daß Herr X etwas von der Liebe Gottes erfährt, auch der Hörer der Liebe Gottes vergewissert wird. Ich bezweifle die gemachten Voraussetzungen der Unmittelbarkeit und der Erfahrungskontinuität, die es erlauben würden, daß sich der Hörer direkt mit Herrn X identifiziert. Schon allein die gesellschaftliche Rollendifferenz und das jeweilige Individualitätsbewußtsein macht eine geradlinige Übertragung unmöglich.

Erzählte und besprochene Welt werden sich auch in einer Predigt mit Alltagsgeschichten so ergänzen müssen, daß die allgemeine Geltung des Erzählten durch den Prediger als subjektiv verbürgtes und verifiziertes Deutungsmuster eingeführt wird. Dafür gibt es in

diesem Band viele lehrreiche Beispiele. Ich nenne die Predigten von Hirschler, Seifert, Stierle, Schwekendiek, die herrlich dialogische Predigt von Gölz über Jes. 38 und viele andere.
Wenn ich am Ende eine Predigt noch besonders hervorhebe, dann nur, weil sich in ihrer Kürze das bisher Gesagte wie mit einem Blick überschauen läßt. Ich meine die Andacht von Ludolf Ulrich »Mensch, du hast's gut« (S. 117). Wie hier aus einem persönlichen Erlebnis über die Betroffenheit des Predigers die allgemeine Erkenntnis wächst, wieviel es bedeutet, wenn wir glauben können – das mag die Funktion der Erzählung in der Predigt zusammenfassend veranschaulichen. Hier wird Persönliches öffentlich, konkrete Erfahrung übertragbar, und hier konstituiert sich eine Erzählgemeinschaft, die unsere Welt mit ihren täglichen Erfahrungen im Spiegel des christlichen Glaubens überdenkt.

Verzeichnis der Mitarbeiter

Pfarrer Rainer Bungenstock, Deblinghausen – Superintendent Hans Werner Dannowski, Hannover – Studiendirektor Dr. Axel Denecke, Imbshausen – Pfarrer Erhard Domay, Landau (Pfalz) – Pfarrer Hermann Otto Geißler, Limburg – Pfarrer Dr. Friedrich Gölz, Stuttgart – Studiendirektor Horst Hirschler, Loccum – Pfarrer Bernhard von Issendoff, Frankfurt am Main – Pfarrer Ludwig Keller, Hannover – Pfarrer Heinz-Dieter Knigge, Göttingen – Pfarrer Ruprecht Koepp, Göttingen – Pfarrer Wulf Lothar Köppe, Lilienthal – Dekan Walter Krug, Cölbe – Pfarrer René Leudesdorff, Bad Homburg v. d. H. – Pfarrer Hans Georg Lubkoll, München – Pfarrer Kurt Marti, CH Bern – Pfarrer Klaus von Mering, Oldenburg – Pfarrer Michael Schwekendiek, Papenburg – Pfarrer Andreas Seifert, Hannover – Pfarrerin Dr. Beate Stierle, Friedland – Studiendirektor Ludolf Ulrich, Rotenburg (Hann.) – Studiendirektor Dr. Christian Zippert, Hofgeismar.

Inhalt